Alice Chapin

Kleines Buch
großer biblischer Verheißungen
für Frauen

Die Deutsche Bibliothek verzeichnet diese Publikation in der
Deutschen Nationalbibliografie; detaillierte bibliografische
Daten sind im Internet über http://dnb.ddb.de abrufbar.

ISBN 978-3-905290-69-1

Little Book of Big Bible Promises-Women, German

Aus dem Amerikanischen übersetzt und mit deutsch-
sprachigen Zitaten ergänzt von Barbara M. Trebing.

Bibelzitate, sofern nicht anders angegeben, wurden
der Übersetzung »Hoffnung für alle« entnommen. Hfa
»Hoffnung für alle«, Brunnen Verlag Basel, ©1986,
1996, 2002 by International Bible Society.

LÜ Lutherbibel, revidierte Fassung von 1984, durch-
gesehene Ausgabe in neuer Rechtschreibung, © 1999,
Deutsche Bibelgesellschaft, Stuttgart

2. Auflage 2013

© 2013 by Verlag arteMedia Riehen/Basel
www.arte-media.ch

Umschlaggestaltung: Mirjam Schaad unter Verwendung
einer Fotografie von max777s/Shutterstock.com
Grafiken im Layout: Jutta Undeutsch, JU Design unter
Verwendung einer Fotografie von Gina Sanders/fotolia.de
Druck: CPI Ebner & Spiegel GmbH, Ulm
Printed in Germany

*Die Worte des Herrn sind lauter wie Silber,
im Tiegel geschmolzen, geläutert siebenmal.*

Psalm 12,7 (LÜ)

INHALT

Einleitung

Haben Sie ein Problem? Haben Sie das Gefühl, mitten im Sperrfeuer zu stehen, obwohl der Kampf aussichtslos erscheint? Wenn ja, dann sind Sie hier genau am richtigen Ort.

Dieses Buch bietet Hilfe aus der Heiligen Schrift für Probleme, mit denen Frauen in der heutigen Welt mit ihrem Stress ständig zu tun haben. Es ist eine kleine Auswahl mutmachender Verheißungen, die Ermutigung, Trost und Hoffnung bringen wollen, die man anderswo nicht findet. In verzweifelten Stunden oder stillen Momenten der Meditation inmitten unbeantworteter Fragen sind die Führung, Leitung und der Rat aus Gottes Wort jederzeit kostenlos erhältlich. Kein Therapeut verlangt hier seine 120 Euro pro Stunde!

Wenn Sie die sorgfältig ausgewählten Bibelverse lesen und die Zitate von anderen, die ähnliche Schwierigkeiten durchgemacht haben, dann werden Sie neue Zuversicht und Kraft erhalten, auch die schweren Zeiten durchzustehen, und erkennen, dass Sie weder allein noch verlassen sind.

Ich mag die Worte, die Samuel Rutherford vor langer Zeit gesagt hat:

»Schwimme durch die Anfechtungen und Nöte. Renne zu den Verheißungen; mögen sie die Zweige sein, die der Herr übers Wasser hängen lässt, damit seine halb ertrunkenen Kinder sich daran festklammern können. Lass sie los und du sinkst auf den Grund.«

Damit das nicht passiert, wenden Sie die Verheißungen tapfer auf Ihr Leben an. Sie werden es nicht bereuen.

Alice Chapin

IN DER WARTESCHLEIFE

 # Tag 1

Gedankenanstoß

Nur bei Gott komme ich zur Ruhe; er allein gibt mir Hoffnung. Nur er ist ein schützender Fels und eine sichere Burg.

Psalm 62,6–7

Zum Nachdenken

Etwas vom Schwersten im Leben ist wohl der Aufenthalt in dem, was jemand einmal »Gottes Wartezimmer« genannt hat. Aus unserer begrenzten menschlichen Perspektive kann es uns vorkommen, als wäre Gott völlig untätig. Und wir werden ungeduldig oder versuchen die Dinge selbst in die Hand zu nehmen. Aber Gott ruft uns dazu auf, still zu bleiben und darauf zu warten, dass er etwas tut. Der Psalmist sagt, er kommt »bei Gott« zur Ruhe. Das heißt, er wartet in der Gegenwart Gottes. Er bleibt

11

in seiner Nähe, weil Gott allein ihm Hoffnung gibt. Wenn wir in Gottes Gegenwart warten, dann beten wir weiter und bleiben an seinem Wort, weil es die Quelle unserer Ermutigung ist.

Hast du das Gefühl, in einem bestimmten Bereich deines Lebens würdest du gerade in der Warteschleife hängen? Bist du »stille zu Gott«, weil er deine Hoffnung ist? Bitte Gott, in der Zeit, die du in seinem Wartezimmer sitzt, deinen Glauben zu stärken.

Zum Mitnehmen

Stille, mein Wille! Der Herr hat's in Händen.
Hält sich dein Herz nur im Glauben an ihn,
wird er den Kummer bald wenden und enden;
herrlich wird endlich, was wunderbar schien.
Stille, mein Wille! Dein Heiland wird zeigen,
wie vor ihm Meer und Gewitter muss schweigen.

Katharina von Schlegel (1697–1768)

❧ Tag 2

Gedankenanstoß

*Voll Zuversicht hoffte ich auf den Herrn,
und er wandte sich mir zu und hörte
meinen Hilfeschrei.*

Psalm 40,2

Zum Nachdenken

Wenn sich keine Lösung zeigt, dann fällt es
uns schwer, in der Warteschleife auszuharren,
bis die Probleme und Zweifel oder Ungewiss-
heiten sich verziehen. Andererseits scheint es,
als wären wir auch unter ganz normalen Um-
ständen immer irgendwie am Warten. Als Jesus in den Himmel aufgefahren war, mussten
sich die ersten Christen lange gedulden, bis er
an Pfingsten den Heiligen Geist schickte. Es
muss ihnen endlos lange vorgekommen sein,
denn sie hatten ja überhaupt keine Ahnung,

worauf sie eigentlich warteten und schon gar nicht, wie lange sie warten mussten. Wie wir warten, zeigt, wie wir glauben.

Zum Mitnehmen

Glauben besteht zum größten Teil aus Geduld.

George MacDonald (1824–1905)

 # Tag 3

Gedankenanstoß

*Sei geduldig und warte darauf, dass der
Herr eingreift! Entrüste dich nicht, wenn
Menschen böse Pläne schmieden und ihnen
dabei alles gelingt!*

Psalm 37,7

Zum Nachdenken

Es gibt eine Stille, die Gott für sich wirken
lässt und in der wir Frieden haben; eine Stille,
die aufgehört hat zu planen und sich selbst zu
behaupten und selbst klug zu sein und vorzu-
sorgen und die es zulässt, dass Gott in seiner
treuen, nie versagenden Liebe für uns sorgt
und den heftigen Angriffen begegnet.

A.B. Simpson (1843–1919)

Zum Mitnehmen

Herr, gib mir diese stille Kraft, diesen sanften, willigen Geist, der mir hilft, mit den eigenen Plänen aufzuhören und mich ganz darauf zu verlassen, dass du die Antwort schickst – zu deiner Zeit.

 # Tag 4

Gedankenanstoß

Meine Brüder und Schwestern, wartet geduldig, bis der Herr kommt. Muss nicht auch der Bauer mit viel Geduld abwarten, bis er die Ernte einfahren kann? Er weiß, dass die Saat dazu den Herbstregen und den Frühlingsregen braucht. Auch ihr müsst geduldig sein ... Nehmt euch ein Beispiel an den Propheten, die im Auftrag des Herrn gesprochen haben. Wie vorbildlich und mit welcher Geduld haben sie alle Leiden ertragen! Menschen, die so standhaft waren, sind wirklich glücklich zu nennen. Denkt doch nur an Hiob! Ihr habt alle schon gehört, wie geduldig er sein Leiden ertragen hat. Und ihr wisst, dass der Herr in seiner Barmherzigkeit und Liebe alles zu einem guten Ende führte.

Jakobus 5,7–11

Zum Nachdenken

Ich will ihm nicht misstrauen, Meg, obwohl ich spüre, wie ich schwach werde und die Angst immer mächtiger werden will. Ich will daran denken, wie der heilige Petrus zu sinken begann, als ein Windstoß kam, weil er nicht glaubte, und ich will es machen wie er: Ich will Christus anrufen und ihn um Hilfe bitten. Und dann will ich darauf vertrauen, dass er seine heilige Hand auf mich legt und mich davor bewahrt, im stürmischen Wasser zu ertrinken.

Sir Thomas Morus (1478–1535)

Zum Mitnehmen

Der Glaube wappnet uns mit der inneren Ausgeglichenheit, die wir brauchen, um den unvermeidlichen Spannungen, Lasten und Ängsten entgegenzutreten.

Martin Luther King (1929–1968)

🌹 Tag 5

Gedankenanstoß

*Der Herr ist gut zu dem, der ihm vertraut
und ihn von ganzem Herzen sucht.*

Klagelieder 3,25

Zum Nachdenken

Ich muss immer an das Senfkorn denken. Ich
wünschte, ich hätte auch Glauben wie ein Samenkorn. Das muss die Sorte Glauben sein,
der wartet, bis Gott bereit ist zu handeln; der
bereit ist, in die Erde zu sinken und dankbar
zu akzeptieren, was sich anfühlt wie Sterben;
ein Glaube, der annimmt, was Gott schickt,
und sich aus seiner Routine (oder dem Grab)
zu einem neuen Leben erhebt; den Glauben,
den ich brauche, um zu wachsen, zu blühen

und wieder zu einem Samenkorn zu werden. Gott weiß, dass ich einen solchen Glauben brauche. Aber weiß ich es? Und du?

Aus einem Andachtsbuch

Zum Mitnehmen

Sonderbar! Geduld gilt so gern als Schwäche. Dabei ist sie eine Tugend, die zu warten lehrt und weiß, dass Warten zwar recht schwer ist, weil es hin und wieder lange dauert, bis sich etwas ändert, etwas ausreift, etwas Frucht trägt – dass es aber eine große Stärke in sich trägt.

Hannelore Frank (1927–1973)

🌹 Tag 6

Gedankenanstoß

Alle, die ihre Hoffnung auf den Herrn setzen, bekommen neue Kraft. Sie sind wie Adler, denen mächtige Schwingen wachsen. Sie gehen und werden nicht müde, sie laufen und sind nicht erschöpft.

Jesaja 40,31

Zum Nachdenken

Gott hat es nie eilig. Auch wenn uns etwas wie eine Verzögerung vorkommt – er ist nie untätig.

Zum Mitnehmen

Stille ist kein heiliges Gefühl, das uns in der Kirche überfällt; sie ist die Antwort eines Herzens, das tief in Gott verwurzelt ist.

Henry Drummond (1851–1897)

 # Tag 7

Gedankenanstoß

*Wir sehen keinen Ausweg mehr, doch wir
vertrauen auf dich!*

2.Chronik 20,12

Zum Nachdenken

Warten hat auch einen positiven Aspekt. In
dieser hektischen Welt, in der alle viel zu viel
zu tun haben, schenkt uns das Warten oft
wertvolle Zeit, um Dinge zu tun, zu denen wir
sonst im Alltag vielleicht nicht kommen, egal
wo, wann oder wie lange wir warten müssen
– nachdenken, vor Gott stille werden, danken
und unser Leben und unsere Pläne überden-
ken. Hast du Gott schon einmal Danke gesagt
für dieses Geschenk? Nutzest du Wartezeiten,
um bei ihm Hilfe zu suchen?

Zum Mitnehmen

Ich weiß mich, Herr, in deinen Händen,
geborgen in der Liebe Hut.
Du kannst des Herzens Bangen wenden,
du trägst mich durch die dunkle Flut.

Käte Walter (1886–1985)

Kraftfutter

Es kann sein, als würde alles schief laufen,
aber das weiß Er genauso gut wie wir, und er
wird sich im richtigen Moment erheben, wenn
wir ihm wirklich so voll vertrauen, dass wir
ihn sein Werk auf seine Weise und zu seiner
Zeit tun lassen. Nichts zeigt eine solche Meis-
terschaft, als in gewissen Dingen völlig untätig zu sein, und nichts kann so schädlich sein
wie das ruhelose Tätigsein, denn Gott hat sich
vorgenommen, nach seinem unabhängigen
Willen zu handeln.

A.B. Simpson (1843–1919)

DER WERT EINER FRAU

🌹 Tag 1

Gedankenanstoß

Eine tüchtige Frau – wer findet sie schon?
Sie ist wertvoller als viele Juwelen!

Sprüche 31,10

Zum Nachdenken

Die Tatsache, dass ich Frau bin, macht mich nicht zu einem anderen Christen. Aber die Tatsache, dass ich Christ bin, macht mich wirklich zu einer anderen Frau. Denn ich habe Gottes Vorstellung von mir angenommen. Mein ganzes Leben besteht in einem Opfer an Gott von allem, was ich bin, und in allem, wie er mich gerne haben will.

Elisabeth Elliot, Als Frau leben

Zum Mitnehmen

Eine schöne und keusche Frau ist ein vollkommenes Meisterwerk Gottes und die wahre Ehre der Engel, ein seltenes Wunder auf Erden, ein wahres Weltwunder.

Georg Hermes (1775–1831)

🌹 Tag 2

Gedankenanstoß

Ihr gehört nun ganz zu Gott.

1.Korinther 6,10

Zum Nachdenken

Anders als die meisten Kulturen schätzte Jesus die Frauen und begegnete ihnen mit Respekt und nicht so, als wären sie Menschen zweiter Klasse. Als die Frau, die zwölf Jahre an Blutfluss gelitten hatte, den Saum seines Kleides berührte, ignorierte er sie nicht oder, schlimmer noch, tadelte sie, weil sie ihn auf seinem Weg zum Haus des Jairus aufhielt. Stattdessen nannte er sie »Tochter« und segnete sie. Selbst als er am Kreuz litt, kümmerte er sich noch darum, was aus seiner Mutter werden würde, und übertrug Johannes die Verantwortung, von nun an für sie zu sorgen. Wenn wir bedenken, wie Jesus diesen Frauen begegnete und was für einen hohen Preis er zahlte, um uns zu erlösen, können wir da je daran zweifeln, dass er auch für uns sorgen will?

Zum Mitnehmen

Sei zu den älteren Frauen wie zu deiner Mutter und zu den jüngeren wie zu Schwestern.

1.Timotheus 5,2

❧ Tag 3

Gedankenanstoß

Alle, die sich von Geist Gottes regieren lassen, sind Kinder Gottes. Denn der Geist Gottes, den ihr empfangen habt, führt euch nicht in eine neue Sklaverei, in der ihr wieder Angst haben müsstet. Er macht euch vielmehr zu Gottes Kindern. Jetzt können wir zu Gott kommen und zu ihm sagen: »Vater, lieber Vater!« ... Als seine Kinder aber sind wir – gemeinsam mit Christus – auch seine Erben.

Römer 8,14–17

Zum Nachdenken

Könnten wir einen besseren Beweis dafür haben, dass Gott uns als Frauen wert schätzt? Wenn wir zu Jesus gehören, dann hat er uns

als sein Kind adoptiert. Er hat uns zu Königs-
kindern, zu Töchtern des Königs, gemacht!
Wenn du dich fragst, ob du wertvoll bist, dann
denke daran, was es Gott gekostet hat, dich zu
seiner Tochter zu machen – nicht weniger als
das Leben seines Sohnes! Wie ändert das dein
Bild von dir selbst? Wie kannst du heute im
Licht dieser Erkenntnis leben?

Zum Mitnehmen

Ich bin seine Tochter, das hat er gesagt. O, un-
endliche Güte meines Gottes! O, lang ersehn-
tes, dringend gesuchtes Wort! Meer der Freude! »Meine Tochter!«

Margareta von Cortona (1247–1297)

🌹 Tag 4

Gedankenanstoß

»Ich will mich dem Herrn ganz zur Verfügung stellen«, antwortete Maria. »Alles soll so geschehen, wie du es mir gesagt hast.«

Lukas 1,38

Zum Nachdenken

Als Gott Maria dazu auserwählte, die Mutter Jesu zu werden, da tat er das nicht, weil sie irgendetwas Besonders war. Sie war eine ganz gewöhnliche junge Frau. Aber Gott wollte durch sie etwas Ungewöhnliches tun. Was wirklich Wert hat – auch wenn es häufig genau das Gegenteil von dem ist, was die Welt für wertvoll hält – ist die Bereitschaft, mit der Maria zum Plan, den Gott für sie hatte, ja sagte. Sie akzeptierte, was Gott mit ihr vorhatte. Und so bekam sie das erstaunliche Vorrecht, den Einen zu gebären, der ihr Erlöser war und der Erlöser der ganzen Welt! Siehst du deinen Wert als Frau auch unter dem Aspekt, wie bereit du bist, zu akzeptieren, was Gott mit dir vorhat?

Zum Mitnehmen

Verachtet euch nicht selbst, ihr Frauen; der Sohn Gottes wurde von einer Frau geboren.

Augustinus von Hippo (354–430)

🌹 Tag 5

Gedankenanstoß

[Paulus schreibt an Timotheus über den Einfluss seiner Mutter und Großmutter auf sein Leben:] Ich weiß, wie aufrichtig du glaubst, genauso war es schon bei deiner Großmutter Lois und deiner Mutter Eunike. Ich bin überzeugt, dass dieser Glaube auch in dir lebt.

1.Timotheus 1,5

Zum Nachdenken

Jemand hat einmal gesagt, eine Frau könne mehr als nur Babys produzieren. Als Cheftrainer ihrer Kinder kann sie auch dazu beitragen, dass ihre Babys in der Fürsorge und Ermahnung des Herrn aufwachsen und zu Christen heranreifen. Das ist sicher richtig.

Aber man muss nicht unbedingt Mutter sein, um einen guten Einfluss auf Kinder zu haben. Wo gibt es in deiner Gemeinde oder Nachbarschaft Kinder oder Heranwachsende, denen du eine Freundin sein kannst? Vielleicht hast du gerade da die einzigartige Gelegenheit, Beziehungen zu pflegen und dazu beizutragen, dass andere Kinder Jesus kennen lernen und im Glauben wachsen. Für welches Kind könntest du heute ganz konkret beten? Was kannst du tun, dass dein Glaube auch für dieses eine Kind Bedeutung bekommt?

Zum Mitnehmen

Wenn es je soweit kommen sollte, dass Frauen keine Christen mehr sind und Häuser kein Heim, dann haben wir den Eckstein verloren, auf dem das Gebäude unserer Zivilisation ruht.

Andrew Dickson White (1832–1918)

🌹 Tag 6

Gedankenanstoß

*Unermüdlich und voller Tatkraft ist sie bei
der Arbeit; was getan werden muss, das
packt sie an! Sie merkt, dass ihr Fleiß
Gewinn bringt; beim Licht der Lampe arbei-
tet sie bis spät in die Nacht. Ihre Stoffe webt
und spinnt sie selbst. Sie erbarmt sich über
die Armen und gibt den Bedürftigen, was
sie brauchen ... Sie ist eine würdevolle und
angesehene Frau, zuversichtlich blickt sie
in die Zukunft. Sie redet nicht gedankenlos,
und ihre Anweisungen gibt sie freundlich ...
Rühmt sie für ihre Arbeit und Mühe!
In der ganzen Stadt soll sie für ihre
Taten geehrt werden!*

Sprüche 31,17–20.25–26.31

Zum Nachdenken

Gott misst den Wert des Menschen nicht daran, was einer tut, sondern daran, was er ist. Auf den ersten Blick mag es scheinen, als sei das genau das Gegenteil von dem, was die zitierten Verse sagen, weil die tugendhafte Frau sehr beschäftigt ist. Aber in Wahrheit ist es so, dass in dem, was sie tut, nur zum Ausdruck kommt, was für eine Frau sie ist – eine Frau, deren Leben von Barmherzigkeit und Mitgefühl geprägt ist, von Weisheit und Güte. Fall nicht darauf herein, deinen Wert an dem zu messen, was du tust. Sieh dir lieber die Frau an, die du in deinem Inneren bist. Wenn du ein Kind Gottes bist und dein Handeln etwas von dem zum Ausdruck bringt, was Gott wichtig ist, dann bist auch du eine Frau nach dem Herzen Gottes.

Zum Mitnehmen

Aus Frauenaugen zieh' ich diese Lehre:
Sie sprühn noch jetzt Prometheus' echte Glut;
Sie sind das Buch, die Kunst, die hohe Schule,
Die alle Welt umfasst, erläutert, nährt.

William Shakespeare, Liebes Leid und Lust

❧ Tag 7

Gedankenanstoß

Gott liebt die Frauen

Er sorgt für sein Volk wie ein guter Hirte.
Die Lämmer nimmt er auf den Arm und
hüllt sie schützend in seinen Umhang. Die
Mutterschafe führt er behutsam ihren Weg.

Jesaja 40,11

Zum Nachdenken

Kennst du die Geschichte von Hagar, die von
ihrer Herrin Sara schlecht behandelt wurde?
Weil Sara eifersüchtig war, schickte Abraham
Hagar und ihren Sohn Ismael in die Wüste,
wo ihnen der Hungertod drohte. Aber Gott
hörte das Weinen des Jungen und zeigte Hagar einen Brunnen, damit sie nicht verdursten
mussten (1.Mose 21).

Manchmal haben auch wir das Gefühl, wir wären allein in der Wüste und niemand würde sich um uns kümmern, wie Hagar damals. Aber Gott sah ihre Probleme und sorgte für sie und ihren Sohn. Und er sieht auch unsere Schwierigkeiten. Wenn du meinst, du könntest keinen Schritt mehr weitergehen, dann trägt er dich in seinen Armen und hüllt dich schützend ein.

Zum Mitnehmen

Was, mein Herr, wären die Völker auf der Erde ohne die Frauen? Sie wären selten, Herr, sehr selten.

Mark Twain (1835–1910)

Kraftfutter

Ich muss mir nicht selber einen Wert verschaffen durch alle möglichen Anstrengungen. Ich habe einen Wert geschenkt erhalten von Gott, ich bin wertvoll in seinen Augen. Er spricht mir diesen Wert zu.

Vreni Theobald, Ich halte mein Herz an die Sonne

DIE
SINGLE-FRAU

🌹 Tag 1

Gedankenanstoß

Mein Partner im Himmel!

*Denn der Herr, der dich erschaffen hat,
ist dein Ehemann. Er heißt »der Herr,
der allmächtige Gott«.*

Jesaja 54,5

Zum Nachdenken

Das ledige Leben könnte nur ein Abschnitt der Lebensreise sein. Auch eine Etappe ist eine Gabe. Gott kann sie durch eine andere Gabe ersetzen, aber der Empfänger nimmt seine Gabe mit Danksagung an. Diese Gabe für diesen Tag. Das Leben des Glaubens wird von Tag zu Tag gelebt. Es muss gelebt werden – man darf sich nicht immer darauf freuen, als ob das »wirkliche« Leben um die Ecke liege. Wir sind für das Heute verantwortlich. Das Morgen ist immer noch in Gottes Hand.

Elisabeth Elliot, Als Frau leben

Zum Mitnehmen

Deine Liebe bedeutet mir mehr als mein Leben!

Psalm 63,4

🌹 Tag 2

Gedankenanstoß

Seid zufrieden mit dem, was ihr habt.
Denn Gott hat uns versprochen:
»Ich lasse dich nicht im Stich,
nie wende ich mich von dir ab.«

Hebräer 13,5

Zum Nachdenken

Im ersten Buch Mose wird uns gesagt, dass Gott Mann und Frau für einander geschaffen hat. Es ist gut, wenn die Richtigen einander finden, aber es ist tragisch, wenn eine Ehe nicht so verläuft, wie es Gott geplant hat. Darum setze dich nicht unter Druck, ob du heiraten oder allein bleiben sollst. Bitte Gott, dass er dich im Blick auf eine Ehe und den richtigen Partner führt. Und dann überlasse es ihm, was er daraus macht.

Zum Mitnehmen

Eine Lüge, die Satan uns vorgaukelt, ist die, zu meinen, Gott hätte uns vergessen. Wer nie verheiratet war, zweifelt vielleicht an Gottes Fähigkeit, einen Partner zu besorgen. Anstatt sich vor allem darum zu bemühen, Gott zu suchen und seinen Willen zu tun, stürzt man sich in eine Ehe, die Gott vielleicht nicht gewollt hat. Nimm dir vor, auf Gottes Zeitpunkt zu warten. Wenn du das tust, wirst du nie enttäuscht.

🌹 Tag 3

Gedankenanstoß

Deshalb lebt Gott auch in euch.

Kolosser 2,10

Zum Nachdenken

Wir müssen als Ledige, Kinderlose, Geschiedene die innere Scham und Schmach ablegen, die wir oft noch heimlich in uns tragen, die uns den Mund verschließt: Wer bin ich denn schon! Ehe-los, kinder-los tönt in unseren Ohren ja oft wie wert-los. Wir haben den Eindruck, dass in der Gesellschaft die Verheirateten, die Familien mehr Achtung und Anerkennung haben. Sie sind die Mehrheit, das Normale. Der Wert eines Menschen besteht

aber nicht in dem, was er leistet und vorzu-
weisen hat. Jeder Mensch hat Eigenwert, Per-
sonwert, göttlichen Wert.

Vreni Theobald, Ich halte mein Herz an die Sonne

Zum Mitnehmen

»Ja, ich hätte gern einen Mann und Kinder.
Ja, ich bin dreißig Jahre alt und unverheira-
tet. Aber ich werde nicht glauben, ohne Mann
wäre ich unvollständig. Ob verheiratet oder
nicht, ich weiß, dass ich in Jesus vollständig
bin.«

Eine berufstätige Frau

❧ Tag 4

Gedankenanstoß

*Eine unverheiratete Frau sorgt sich unein-
geschränkt darum, mit Leib und Seele zum
Herrn zu gehören. Aber eine verheiratete
Frau sorgt sich um menschliche Belange und
will ihrem Mann gefallen ... Ich möchte, dass
ihr ein vorbildliches Leben führt und
unbeirrt nur das eine Ziel verfolgt,
beim Herrn zu bleiben.*

1.Korinther 7,34–35

Zum Nachdenken

Wenn du Single bist, dann lass dir von deinen
Gefühlen nicht einreden, ohne Partner wärst
du nicht komplett. Bitte Gott, dir zu zeigen,
wie du deine Gaben einsetzen kannst, auch

dein Unverheiratetsein, um ihm zu dienen und Erfüllung zu finden.

Zum Mitnehmen

Herr, ich sehne mich nach einem Mann und Kindern, vor allem wenn ich sehe, wie glücklich meine Freundinnen mit ihren Familien sind. Diese tiefe Sehnsucht lässt mich nicht los. Hilf mir, daran zu denken, dass du dem Frieden gibst, »der sich fest an dich hält und dir allein vertraut!« (Jesaja 26,3). Schenk mir die Gnade der Zufriedenheit, ob ich heirate oder allein bleibe. Lass mich nie vergessen, dass deine Gnade auch für mich genügt, und hilf mir, mein Leben zu nutzen und dir von ganzem Herzen zu dienen. In Jesu Namen. Amen.

 **Tag 5**

Gedankenanstoß

Angst vor dem Alleinsein im Alter

*Berge mögen einstürzen und Hügel wanken,
aber meine Liebe zu dir wird nie erschüttert,
und mein Friedensbund mit dir wird
niemals wanken.*

Jesaja 54,10

Zum Nachdenken

Ob wir uns seiner Gegenwart bewusst sind
oder nicht, wir haben einen Lebensgefährten,
der uns nie verlässt. Inmitten aller Enttäu-
schungen und Nöte des Lebens ist er da und
weint mit uns. Mitten in den Freuden lacht er
mit uns. Er lässt sich nie von uns scheiden, die
wir zu ihm gehören.

Zum Mitnehmen

Herr, ich habe Angst davor, allein zu bleiben, vor allem wenn ich an mein Alter denke. Hilf mir, in der Verheißung Trost und Gewissheit zu finden, dass du mich nie im Stich lassen wirst. Und schenk mir Freude an dem Wissen, dass du dich nie von denen scheiden lässt, die dein Eigentum sind. In Jesu Namen. Amen.

🌹 Tag 6

Gedankenanstoß

Ermutigung für Frauen, die allein sind

Er, der ewige Gott, breitet seine Arme aus,
um euch zu tragen und zu schützen.

5.Mose 33,27

Zum Nachdenken

Gedanken einer vierzigjährigen Single-Frau:
»Herr, ich bin Single und fühle mich einsam.
Ich sehne mich nach der Gesellschaft eines
Mannes. In den langen Nachtstunden ringe
ich mit Gott und meinen Gefühlen, denn ich
fühle mich entsetzlich einsam und manchmal
unerwünscht. Ich war schon oft Trauzeugin,
aber noch nie die Braut. Ich habe das Gefühl,
ich gehöre zu niemandem.«
Kannst du dich mit den Gefühlen und Kämpfen dieser Frau identifizieren? Für viele sind

sie harte Wirklichkeit. Wenn du Single bist, dann schäme dich nicht, deine Gefühle ganz offen zu Jesus zu bringen. Er ist deine Zuflucht. Wenn du nicht Single bist, dann kannst du die Worte dieser Frau zum Anstoß nehmen, um für Frauen zu beten, die Probleme damit haben, dass sie nicht verheiratet sind.

Zum Mitnehmen

Würde ich Gott so kennen, wie er wirklich ist, hätte ich weniger Probleme mit dem Alleinsein. Würde ich Gottes Liebe kennen, die es wirklich gut mit mir meint, dann wäre ich weniger unzufrieden mit meiner Situation. Ich würde Gottes Wege mit mir anders annehmen. Warum klage ich Gott manchmal an – nicht laut, aber tief im Herzen: »Herr, warum gerade ich? Warum muss ich allein sein?« Wenn ich Gott wirklich kenne – und das ist ein lebenslanger Prozess des Erkennens –, kann ich das Alleinsein und das Alleinstehendsein annehmen. Dann ist der Grund meiner Situation nicht entscheidend. Ich lebe nach Gottes Plan.

Anita Hallemann, Ja, ich bin Single

 **Tag 7**

Gedankenanstoß

*Gemeinsam bilden wir alle den Leib
Christi, und jeder Einzelne ist auf
den anderen angewiesen.*

Römer 12,5

Zum Nachdenken

Herr, der größte Teil der Welt ist offenbar
paarweise unterwegs. Manchmal kommt es
mir vor, als würde ich nirgends hingehören.
Hilf mir, nicht zu vergessen, dass ich eine
ewige Beziehung mit dir habe. In Jesu Namen.
Amen.

Zum Mitnehmen

Zu Gott gehören ist eine ewige Beziehung. Sie
gilt nicht nur für diese Welt, sondern auch für

die zukünftige. Zur sichtbaren Welt kann jeder gehören, aber zu Gott gehören, dem Herrn und Schöpfer des Universums, der uns niemals im Stich lässt, das ist gewaltig!

Kraftfutter

Partnerschaft kann nur gestalten, wer auch allein zu leben vermag.

Hans-Georg Wiedemann

🌹 Zu dick,
zu dünn, zu ???

🌹 Tag 1

Gedankenanstoß

Herr, wer bin ich?

Anmut kann täuschen, und Schönheit vergeht wie der Wind – doch wenn eine Frau Gott gehorcht, verdient sie Lob! Rühmt sie für ihre Arbeit und Mühe! In der ganzen Stadt soll sie für ihre Taten geehrt werden!

Sprüche 31,30–31

Zum Nachdenken

Spieglein, Spieglein an der Wand,
wer ist die Schönste im ganzen Land?

*Die böse Königin,
Schneewittchen und die sieben Zwerge*

Schönheit ist nur so dick wie die Haut.

John Davies of Hereford (1565–1618)

Zum Mitnehmen

Wendest du einen Spiegel gegen den Himmel,
so siehst du den Himmel darin, wendest du
ihn gegen die Erde, so siehst du die Erde darin. Ebenso ist es mit deiner Seele: Wohin du
sie wenden wirst, dessen Bild wird man darin
sehen.

Johann Arndt (1555–1621)

🌹 Tag 2

Gedankenanstoß

Herr, wer bin ich?

*Schon vor Beginn der Welt, von allem An-
fang an, hat Gott uns, die wir mit Christus
verbunden sind, auserwählt ... Aus Liebe zu
uns hat er schon damals beschlossen, dass
wir durch Jesus Christus seine eigenen Kinder werden sollten. Dies war sein Plan, und
so gefiel es ihm.*

Epheser 1,4–5

Zum Nachdenken

Die Fähigkeiten, die in einem Menschen liegen, sind größer, als er weiß, und die Fähigkeiten, die Gott einem Menschen verleihen
kann, sind größer, als er träumt.

Charles Haddon Spurgeon (1834–1892)

Zum Mitnehmen

Und wenn wir die ganze Welt auf der Suche nach dem Schönen durchkämmen, wir müssen es in uns tragen, oder wir finden es nie.

Ralph Waldo Emerson (1803–1882)

🌹 Tag 3

Gedankenanstoß

Herr, wer bin ich?

*Gott [hat] uns schon im Voraus
als seine Erben eingesetzt ...
Er hat euch sein Siegel aufgedrückt, als
er euch den Heiligen Geist schenkte.*

Epheser 1,11–13

Zum Nachdenken

Aufgrund der Tatsache, dass Gott mein Vater ist, bin auch ich jemand. Mein Vater ist der Herr aller Herren und König aller Könige! Ethel Waters hat dazu treffend gesagt: »Gott macht keine Nichtse.«

Zum Mitnehmen

Das Christentum besteht darauf, dass der Mensch seinen Wert in sich selbst trägt, weil er ein Kind Gottes und nach seinem Bild geschaffen ist.

Martin Luther King (1929–1968)

🌹 Tag 4

Gedankenanstoß

Herr, wer bin ich?

Schaut euch selbst an, liebe Brüder und Schwestern! Sind unter euch, die Gott berufen hat, wirklich viele, die man als gebildet und einflussreich bezeichnen könnte oder die aus einer vornehmen Familie stammen?
Nein, denn Gott hat sich die aus menschlicher Sicht Törichten ausgesucht, um so die Klugen zu beschämen. Gott nahm sich der Schwachen dieser Welt an, um die Starken zu demütigen. Wer von Menschen geringschätzig behandelt, ja verachtet wird, wer bei ihnen nichts zählt, den will Gott für sich haben. Aber alles, worauf Menschen so großen Wert legen, das hat Gott für null und nichtig erklärt.

1.Korinther 1,26–28

Zum Nachdenken

Du bist gewollt, du bist kein Zufall, keine Laune der Natur, ganz egal ob du dein Lebenslied in Moll singst oder Dur. Du bist ein Gedanke Gottes, ein genialer noch dazu. Du bist Du.

Jürgen Werth

Zum Mitnehmen

Von allen Schwächen die schlimmste ist, unser Wesen zu verachten.

Montaigne (1533–1592)

🌹 Tag 5

Gedankenanstoß

Herr, ich fühle mich müde und zu nichts nütze

*[Es] ist unwichtig, ob einer Grieche oder
Jude ist, ... ob er aus einem Volk ohne hohe
Kultur kommt, ob er aus einem Nomaden-
volk stammt, ob er ein Sklave oder Herr ist.
Wichtig ist einzig und allein Christus,
der in allen lebt.*

Kolosser 3,11

Zum Nachdenken

Nirgends in der Bibel steht geschrieben, dass
alle Menschen gleich sein müssen. Die Tatsache, dass wir alle unterschiedlich sind, mit
verschiedenen Gaben und Fähigkeiten, ist ein
Abbild der erstaunlichen Kreativität eines unendlichen Gottes. Es ist auch eine der Arten,

wie Gott es zulässt, dass wir einander ergänzen. Du fühlst dich in einem Bereich vielleicht unbegabt, aber das gibt einem anderen die Möglichkeit, seine oder ihre Gaben zu gebrauchen, um dir zu helfen und dich zu ermutigen. Genauso kann Gott deine Fähigkeiten gebrauchen, um jemand anders aufzubauen. Anstatt dich auf dein Gefühl der Unzulänglichkeit zu konzentrieren, bitte Gott, dir Bereiche zu zeigen, in denen du anderen mit den Gaben, die er dir gegeben hat, dienen kannst.

Zum Mitnehmen

Indem ich Ja zu mir sage, mich in meinem Sosein dankbar annehme, anerkenne ich Gottes Schöpfungswerk in mir.

Vreni Theobald, Ich halte mein Herz an die Sonne

🌹 Tag 6

Gedankenanstoß

Herr, wer bin ich?

So schuf Gott den Menschen als sein Eben-
bild, als Mann und Frau schuf er sie ...
Dann betrachtete Gott alles, was er
geschaffen hatte, und es war sehr gut!

1.Mose 1,27.31

Zum Nachdenken

Wenn wir uns selbst nur für eine Sekunde mit
den Augen der Liebe Gottes sehen könnten,
dann hätten sich unsere Selbstzweifel gleich
für eine ganze Ewigkeit verflüchtigt.

Hans-Joachim Eckstein

Zum Mitnehmen

Kümmere dich nicht darum, wie du dich fühlst. Gefühle lügen meistens. Verlasse dich auf das, was Gottes Wort von dir sagt. Er lügt nie.

❧ Tag 7

Gedankenanstoß

Herr, wer bin ich?

Keiner von euch soll sich etwas anmaßen,
was über die Kraft des Glaubens hinausgeht,
die Gott ihm geschenkt hat.
Unser Körper besteht aus vielen Teilen,
die ganz unterschiedliche Aufgaben haben.
Ebenso ist es mit uns Christen. Gemeinsam
bilden wir alle den Leib Christi, und jeder
Einzelne ist auf die anderen angewiesen.

Römer 12,3–5

Zum Nachdenken

Aufgabe: Hänge dir eine Liste an die Kühl-
schranktür mit mindestens fünfundzwanzig
positiven Dingen, die du anzubieten hast. Lies
diese Liste immer wieder durch und danke

Gott dafür, dass er diese Eigenschaften und Fähigkeiten in dich hineingelegt hat. Hier ein paar Vorschläge, wie du anfangen kannst:

1. Ich bin gastfreundlich.
2. Ich mag ältere Menschen.
3. Ich kann gut kochen.
4. Ich liebe Gott.
5. ...

Zum Mitnehmen

Wenn ich mich messe, will ich Gottes Maßstab anlegen, nicht den anderer Menschen. Ich bin viel mehr als das, was andere in mir sehen.

Kraftfutter

Ihr seid ein von Gott auserwähltes Volk ... und seid sein Eigentum.

1.Petrus 2,9

FRAUEN UND MÄNNER

🌹 Tag 1

Gedankenanstoß

Partnerwahl

*Ihr [beide] sollt [den Herrn] von ganzem
Herzen lieben, mit ganzer Hingabe,
mit all eurer Kraft.*

5.Mose 6,5

Zum Nachdenken

Bevor du deine Liebe für den Rest des Lebens
einem anderen zuwendest, achte darauf, dass
die größte Liebe deines – und seines – Lebens
Gott ist.

Zum Mitnehmen

Die Frau wurde für den Mann geschaffen. Die
Frau wurde geschaffen, um zu vervollstän-
digen, was dem Mann gefehlt hat. Nirgends

heißt es, dass Eva einen Mangel hatte, den Adam ausfüllen musste.

Roger T. Forster

❧ Tag 2

Gedankenanstoß

Partnerwahl

*Zieht nicht an einem Strang mit Leuten,
die nicht an Christus glauben ... Wie passen
Licht und Finsternis zusammen?*

2.Korinther 6,14

Zum Nachdenken

Was zeichnet einen guten Partner aus? Es gibt
viele Qualitäten, aber die wichtigste Frage ist,
ob er Gott liebt. Hat der Mensch, den du im
Auge hast, eine wachsende Beziehung zu Jesus? Nimmt er seinen Glauben ernst? Gründet
deine Beziehung zu ihm auf eurem gemein-
samen Glauben oder nur auf oberflächlichen
Eigenschaften? Eine gute Ehe ist harte Ar-

beit. Achte darauf, dass ihr beide dasselbe Ziel habt, nämlich Jesus mit eurer Ehe zu ehren, bevor ihr die Beziehung intensiviert.

Zum Mitnehmen

Zu einer guten Ehe gehören immer drei: ein Mann, eine Frau und Gott.

Cecil Myers

❧ Tag 3

Gedankenanstoß

Sexualität – das schönste Geschenk

*Die junge Frau: Komm und küss mich, küsse
mich immer wieder! Ich genieße deine Liebe
mehr als den besten Wein. Der Duft
deiner Salben betört mich.*

Hoheslied 1,2–3

*Der junge Mann: Wie ein scharlachrotes
Band leuchten deine Lippen, sie sind schön
geschwungen. Hinter dem Schleier schim-
mern deine Wangen wie eine Scheibe vom
Granatapfel. Dein Hals ist rund und hoch
wie der Turm Davids ... deine Brüste sind
wie junge Zwillinge einer Gazelle,
die auf Blumenwiesen weiden.*

Hoheslied 4,3–5

Zum Nachdenken

Nicht die Sexualität ist das Fundament der Liebe, sondern umgekehrt: Die Sexualität ist nichts anderes als die Gebärde der Liebe.

Ernst Blum

Zum Mitnehmen

Wenn ein Mann mit seiner Frau in einem Geist der Heiligkeit und Reinheit eins ist, dann ist die göttliche Gegenwart mit ihnen.

Nachmanides (1194–1270)

❧ Tag 4

Gedankenanstoß

Eine gute Beziehung ist harte Arbeit

Jeder soll dem anderen helfen,
seine Last zu tragen.

Galater 6,2

Zum Nachdenken

Am Egoismus gehen vermutlich mehr Ehen
kaputt als an irgendetwas anderem.

Elizabeth Cody Newenhuyse

Zum Mitnehmen

Was die Sehne für den Bogen,
das ist für den Mann die Frau ...
Nutzlos das eine ohne das andere!

Henry Wadsworth Longfellow (1807–1882)

🌹 Tag 5

Gedankenanstoß

Hüte deine Zunge

So klein [die Zunge] auch ist, so groß ist ihre Wirkung! Ein kleiner Funke setzt einen ganzen Wald in Brand. Mit einem solchen Feuer lässt sich auch die Zunge vergleichen ...
Sie vergiftet uns und unser Leben, sie steckt unsere ganze Umgebung in Brand.

Jakobus 3,5–6

Zum Nachdenken

Schimpfen kann jeder, aber aufhören, das ist schwer! Und es erst gar nicht soweit kommen lassen, das ist genauso schwer! Dabei weiß man ganz genau, wie viel man kaputtmacht mit den unbedachten Worten!

Hannelore Frank (1927–1973)

Zum Mitnehmen

Das Wort verwundet leichter als es heilt.

Johann Wolfgang von Goethe (1749–1832)

🌹 Tag 6

Gedankenanstoß

Miteinander auskommen

Liebe ist geduldig und freundlich. Sie ist nicht verbissen, sie prahlt nicht und schaut nicht auf andere herab.
Liebe verletzt nicht den Anstand und sucht nicht den eigenen Vorteil, sie lässt sich nicht reizen und ist nicht nachtragend.
Sie freut sich nicht am Unrecht, sondern freut sich, wenn die Wahrheit siegt.
Liebe ist immer bereit zu verzeihen, stets vertraut sie, sie verliert nie die Hoffnung und hält durch bis zum Ende.

1.Korinther 13,4–7

Zum Nachdenken

Gute Beziehungen entstehen nicht von selbst. Sie erfordern harte Arbeit und Achtsamkeit und immer wieder gibt es Schlaglöcher auf dem Weg. Wie reagieren wir, wenn wir gereizt sind oder wenn jemand uns auf dem falschen Fuß erwischt? Wenn wir meinen, uns würde Unrecht getan? Können wir dann immer noch miteinander auskommen? Gott schenkt uns Leitung für solche Herausforderungen. Und Jesus kann uns als Vorbild dienen, wie Liebe aussieht. Wie gut folgst du seinem Beispiel in deiner Beziehung?

Zum Mitnehmen

Die Liebe will nichts von dem andern, sie will alles für den andern.

Dietrich Bonhoeffer

🌹 Tag 7

Gedankenanstoß

Konflikte lösen

*Bekennt einander eure Sünden
und betet füreinander.*

Jakobus 5,16 (LÜ)

Zum Nachdenken

Eines der besten Werkzeuge, um Konflikte zu lösen, ist, sich ehrlich anzusehen, was man selbst zum Konflikt beigetragen hat, und das dann dem anderen gegenüber zuzugeben. Selbst wenn der Konflikt nicht unser Fehler ist, haben wir vielleicht lieblos oder ungeduldig reagiert, was nur zum weiteren Anheizen beiträgt und die Sache noch schlimmer macht. Bitte Gott, dir zu zeigen, wie du den anderen so lieben und so reagieren kannst, wie Jesus es tun würde. Und bete auch für den anderen. Gott kann euer Verhalten einander gegenüber ändern.

Zum Mitnehmen

Die Ehe ist ein einziges langes Gespräch, dann und wann unterbrochen von einer Auseinandersetzung.

Robert L. Stevenson (1850–1894)

Kraftfutter

Gespräch mit Gott über meinen Ehepartner
»Herr, er hat so viele Ticks und ärgerliche Angewohnheiten, mit denen ich leben muss. Das ist einfach nicht fair. Er muss sich ändern!«
»Ja, mein Kind, ich weiß. Aber vergiss nicht, als du ihn gewählt hast, da konntest du nur aus Sündern wählen. Und auch er konnte nur unter Sünderinnen auswählen. Und doch fand er, du wärest die Beste, und hat sich für dich entschieden.«

Frauen und ihre Kinder

🌹 Tag 1

Gedankenanstoß

Kinder sind ein Geschenk des Herrn.

Psalm 127,3

Zum Nachdenken

Kinder sind kein Termingeld; sie sind eine langfristige Anlage!

Zum Mitnehmen

Wir Menschen betrachten kleine Babys mit solcher Liebe, soviel Verständnis und Freude, doch vergessen wir manchmal, dass es bei weitem wichtiger ist, wie Gott seine Kinder sieht.

Corrie ten Boom (1892–1983)

🌹 Tag 2

Gedankenanstoß

Wie kann ich meinen Kindern ein Beispiel sein?

Sie redet nicht gedankenlos, und ihre Anweisungen gibt sie freundlich.

Sprüche 31,26

Zum Nachdenken

Kinder sind gute Beobachter. Sie sehen uns zu und hören, was wir sagen. Die kleinen Ohren nehmen nicht nur die Worte auf, die wir sagen, sondern auch die Art, in der wir sie äußern. Reden wir respektvoll mit unseren Kindern, oder vermitteln wir ihnen den Eindruck, sie seien eine lästige Störung im gewohnten Tagesablauf? Sind unsere Worte gewürzt mit Freundlichkeit? Mit Worten lehren ist gut.

Noch besser ist es, ein gutes Vorbild zu sein. Was lernen unsere Kinder von unserem Beispiel?

Zum Mitnehmen

Erziehe deine Kinder wie du willst, sie machen sowieso das, was du ihnen vorlebst.

Quelle unbekannt

🌹 Tag 3

Gedankenanstoß

Den richtigen Weg zeigen

*Bewahrt diese Worte im Herzen!
Denkt immer daran! Schreibt sie zur Erinnerung auf ein Band, und bindet es um
die Hand und die Stirn!
Bringt die Gebote euren Kindern bei! Redet
immer und überall davon, ob ihr zu Hause
oder unterwegs seid, ob ihr euch
schlafen legt oder aufsteht!
Ritzt sie ein in die Pfosten eurer Haustüren
und Stadttore! Solange Himmel und Erde
bestehen, werdet ihr und eure Nachkommen
dann in dem Land bleiben können, das der
Herr euren Vorfahren versprochen hat.*

5.Mose 11,18–21

Zum Nachdenken

Was unternimmst du, um Gottes Geschichte an die nächste Generation weiterzugeben? Vermehrst du den Glauben? Vielleicht meinte Gott noch mehr, als wir normalerweise annehmen, als er zu Adam und Eva sagte: »Seid fruchtbar und mehret euch.«

Zum Mitnehmen

Beispiele machen Lust. Befehle nicht.

Johann Heinrich Pestalozzi (1746–1827)

🌹 Tag 4

Gedankenanstoß

Die Kinder zurechtweisen

Wer sein Kind nie schlägt, der liebt es nicht.
Wer sein Kind liebt, der bestraft es
beizeiten.

Sprüche 13,24

Zum Nachdenken

Auch Gott weist die zurecht, die er liebt. Wenn wir unsere Kinder zurechtweisen und bestrafen, dann tun wir es, weil wir sie lieben und wollen, dass sie Gehorsam lernen und zu gereiften, verantwortungsbewussten Erwachsenen heranwachsen. Dasselbe Ziel hat der himmlische Vater mit uns. Er zeigt große Geduld und erträgt es, wenn wir Fehler machen, Dinge falsch einschätzen oder ungute Entscheidungen treffen. Aber in seiner Liebe lässt er es auch zu, dass wir die Folgen unseres Handelns tragen, damit wir lernen zu gehorchen und zu gereiften Söhnen und Töchtern heranwachsen. »Mein Sohn, wenn der Herr dich zurechtweist, dann sei nicht entrüstet, sondern nimm es an, denn darin zeigt sich seine Liebe. Wie ein Vater seinen Sohn erzieht, den er liebt, so schlägt der Herr jeden, den er als sein Kind annimmt« (Hebräer 12,5–6).

Zum Mitnehmen

Nur wer wirklich liebt, kann, wenn er sich von seiner Liebe beraten lässt, die angemessene Form der Bestrafung finden.

Charles de Baudoin (1893–1963)

🌹 Tag 5

Gedankenanstoß

Jesus und die Kinder

Jesus rief ein kleines Kind ... und sprach:
»Wer so klein und demütig sein kann wie
ein Kind, der ist der Größte in Gottes neuer
Welt. Und wer solch ein Kind mir zuliebe
aufnimmt, der nimmt mich auf.
Wer in einem Menschen den Glauben, wie
ihn ein Kind hat, zerstört, für den wäre es
noch das Beste, mit einem Mühlstein um
den Hals ins tiefe Meer geworfen zu werden.
Wehe der Welt, denn sie verführt zum Un-
glauben! Solche Versuchungen können
ja nicht ausbleiben. Aber wehe dem,
der daran schuld ist! ...
Hütet euch davor, hochmütig auf die herab-
zusehen, die euch gering erscheinen.

Denn ich sage euch: Ihre Engel haben immer Zugang zu meinem Vater im Himmel.«

Matthäus 18,2–7.10

Zum Nachdenken

Jesus hat jeden, der ein Kind vom Glauben abbringt, eindringlich gewarnt – und jeden Erwachsenen, der dafür verantwortlich ist, Kinder in Versuchung zu führen. Aber Gott freut sich, wenn wir den Glauben eines Kindes fördern und stärken.

Zum Mitnehmen

Meine Mutter hat uns immer Bibelverse beigebracht. Ich kann mich nicht daran erinnern, dass sie irgendwann davon abgelassen hat. Sie hat mir den Arm umgedreht oder alle möglichen anderen Tricks angewandt, nur damit ich Bibelverse auswendig lernte. Sie lernte sie gemeinsam mit mir und tat dabei so, als hätte sie den Vers noch nie gehört. Als ich dann erwachsen und sehr viel auf Reisen war, gab sie mir jedes Mal eine Bibel mit und schrieb mir dazu eine Notiz, damit ich auch ja ein paar Verse lernte. Wenn ich heute zurückschaue, erkenne ich, wie weise sie war und wie gut es mir getan hat, dass sie so beharrlich blieb. Jetzt wünsche ich mir fast, sie hätte mich gezwungen, noch mehr auswendig zu lernen.

Franklin Graham

🌹 Tag 6

Gedankenanstoß

Ich bete für meine Kinder

Ich bitte Gott, dass er euch aus seinem unerschöpflichen Reichtum Kraft schenkt, damit ihr durch seinen Geist innerlich stark werdet und Christus durch den Glauben in euch lebt. In seiner Liebe sollt ihr fest verwurzelt sein; auf sie sollt ihr bauen. Denn nur so könnt ihr mit allen anderen Christen das ganze Ausmaß seiner Liebe erfahren, die wir doch mit unserem Verstand niemals fassen können. Dann wird diese göttliche Liebe euch immer mehr erfüllen.

Epheser 3,16–19

Zum Nachdenken

Versuche einmal, anhand der Bibel für deine Kinder zu beten. Zum Beispiel: »Vater, ich bitte dich nicht, ___ [setze den Namen deines Kindes ein] aus der Welt zu nehmen, aber schütze ___ vor dem Bösen ... Lass ___ deine Wahrheit leuchten, damit ___ in immer engerer Gemeinschaft mit dir lebt!« (siehe Johannes 15,15.17)

Zum Mitnehmen

Was im Gebet nicht vollzogen ist, ist auch im Handeln nicht durchzuhalten.

Peter Hahne

🌹 Tag 7

Gedankenanstoß

*Alle Ordnungen sind umgestoßen, was kann
da noch der bewirken, dem Gottes
Ordnungen alles bedeuten?
Der Herr ist in seinem heiligen Tempel, er
thront im Himmel und herrscht über alles.*

Psalm 11,3–4

Zum Nachdenken

Herr, es macht mir Angst, wenn ich sehe, in
was für einer bösen Welt ich meine Kinder
aufziehen muss. So viele Mächte stellen sich
unseren Kindern in den Weg und wollen sie
von dem wegziehen, was wir ihnen beibringen
und vorleben. Wenn die Sorgen mich über-
wältigen wollen, dann hilf mir, meinen Blick
auf dich zu richten und nicht auf die Welt,
und lass mich nicht vergessen, dass du immer

noch vom Himmel regierst. Ich bitte dich in Jesu Namen. Amen.

Zum Mitnehmen

Dass Jesus siegt, bleibt ewig ausgemacht;
sein wird die ganze Welt.
Denn alles ist nach seines Todes Nacht
in seine Hand gestellt.

Johann Christoph Blumhardt (1805–1880)

Kraftfutter

Die beste Methode, um ein Kind Gottesfurcht zu lehren, ist, wenn es einen wahren Christen kennt. Die beste Methode, um ein Kind beten zu lehren, ist, wenn es einen Vater und eine Mutter hat, die in Freundschaft mit Gott leben und wirklich beten.

Johann Heinrich Pestalozzi (1746–1827)

WIEDER ALLEIN

❧ Tag 1

Gedankenanstoß

*Von allen Seiten umgibst du mich und hältst
deine schützende Hand über mir. Dass du
mich so genau kennst – unbegreiflich ist das,
zu hoch, ein unergründliches Geheimnis!
Wie könnte ich mich dir entziehen; wohin
könnte ich fliehen, ohne dass du mich siehst?
Stiege ich in den Himmel hinauf – du bist
da! Wollte ich mich im Totenreich verbergen
– auch dort bist du! Eilte ich dorthin, wo die
Sonne aufgeht, oder versteckte ich mich im
äußersten Westen, wo sie untergeht, dann
würdest du auch dort mich führen
und nicht mehr loslassen.*

Psalm 139,5–10

Zum Nachdenken

Der Psalmist wusste, wie Alleinsein sich anfühlt: »Man hört mich klagen wie eine Eule in

der Wüste, wie ein Käuzchen in verlassenen Ruinen. Ich kann nicht schlafen; ich bin verlassen und fühle mich wie ein einsamer Vogel auf dem Dach« (Psalm 102,7–8). Wenn wir einsam sind, dann kommt es uns vor, als hätten wir unser Herz in der Wüste verloren. Aber wir können uns an das erinnern, was Psalm 139 über Gottes Nähe zu uns sagt. Er ist überall bei uns, auch in der Wüste und wenn wir uns allein und verlassen fühlen. Was kannst du in deiner Wüste der Einsamkeit von Gott lernen? Und wie kannst du das Gelernte nutzen, um einfühlsamer mit anderen umzugehen, die auch allein sind?

Zum Mitnehmen

Seiner Gegenwart kann ich nicht entfliehen. Egal, wo ich hingehe, er führt mich und sieht mich und sorgt für mich. Dasselbe Wesen, das in den fernsten Winkeln der Natur und Vorsehung am Wirken ist, ist auch an meiner Seite, damit ich jeden Moment meines Seins noch voller erleben kann.

Thomas Chalmers (1780–1847)

🌹 Tag 2

Gedankenanstoß

*Wenn Vater und Mutter mich verstoßen,
nimmst du, Herr, mich doch auf.*

Psalm 27,10

Zum Nachdenken

Vater, du hast versprochen, den Vaterlosen
ein Vater zu sein und ein Fürsprecher der
Witwen. Hilf mir, vor allem wenn ich mich allein und verlassen fühle, den Blick auf dich zu
richten, weil du allein mir geben kannst, was
ich wirklich brauche.

Zum Mitnehmen

Wenn ich vom Weg abkomme, ist er neben
mir. Wenn ich in Gesellschaft bin und ihn vergesse, er vergisst mich nie. In den stillen Stun-

den der Nacht, wenn meine Lider geschlossen sind und mein Geist ins Unbewusste abgeglitten ist, dann wacht das sorgsame Auge des Einen, der nie schläft, über mir.

Thomas Chalmers (1780–1847)

🌹 Tag 3

Gedankenanstoß

Ihr dürft sicher sein: Ich bin immer bei euch,
bis das Ende dieser Welt gekommen ist!

Matthäus 28,20

Zum Nachdenken

Ja, du fühlst dich vielleicht allein und allein
gelassen. Aber vertraue dem, was in der Bibel
steht, und nicht deinen Gefühlen. Du gehörst
zu jemandem. Du bist nicht allein in dieser
Welt. Du bist geliebt. Du bist ein Kind des le-
bendigen Gottes und er ist dein Vater.

Zum Mitnehmen

Gabst du mir die unlösbare Einsamkeit, damit
ich leichter dir alles geben kann?

Dag Hammarskjöld (1905–1961)

🌹 Tag 4

Gedankenanstoß

Gott ist immer da

*Ich lasse dich nicht im Stich, nie wende ich
mich von dir ab.*

Josua 1,5

Zum Nachdenken

Wenn ich im Flugzeug sitze, ist er da.
Wenn ich spät nachts bei stürmischem Wetter
mit dem Auto unterwegs bin, ist er da.
Wenn ich in Indien oder China mit dem Zug
fahre, ist Gott auch dort bei mir.
Wenn ich mich abends ins Bett lege,
sitzt er neben mir.
Wenn ich mit Schmerzen im Krankenhaus
liege, ist er auch dabei.
Wenn ich am Schreibtisch sitze,
sitzt Gott zu meiner Rechten.

Wenn ich voll Trauer am Grab eines lieben Menschen stehe, trauert Gott mit mir.
Wenn ich mich am Wunder eines Neugeborenen freue, freut er sich auch.
Ob ich Wäsche aufhänge oder an der Arbeit gelobt werde und selbst beim Spiegeleier braten steht mein Erlöser mir zur Seite.
Nie, nie bin ich allein.

Zum Mitnehmen

Herr, bleib bei mir! Der Abend bricht herein;
in Finsternissen lass mich nicht allein!
Wenn niemand hilft und ich verzage schier,
hilf meiner Schwachheit auf; o bleib bei mir!

Henry Francis Lyte (1793–1847)

🌹 Tag 5

Gedankenanstoß

Herr, du durchschaust mich, du kennst mich durch und durch. Ob ich sitze oder stehe – du weißt es, aus der Ferne erkennst du, was ich denke. Ob ich gehe oder liege – du siehst mich, mein ganzes Leben ist dir vertraut.

Psalm 139,1–3

Zum Nachdenken

Warum sollt ich mich den grämen?
Hab ich doch Christus noch,
wer will mir den nehmen?
Wer will mir den Himmel rauben,
den mir schon Gottes Sohn
beigelegt im Glauben?

Paul Gerhardt (1607–1676)

Zum Mitnehmen

Es gibt keinen Augenblick, in dem seine Augen nicht auf mir ruhen oder in dem seine Aufmerksamkeit von mir abgelenkt wäre, und daher auch keine Sekunde, in der seine Sorge um mich schwankend würde. Ich bleibe nie unbemerkt. Jeder Augenblick des Lebens wird unter dem Blick und in der Gesellschaft eines allwissenden, allmächtigen Schöpfers verbracht.

J.I. Packer, Gott erkennen

❦ Tag 6

Gedankenanstoß

*Der Herr ist denen nahe, die verzweifelt
sind, und rettet jeden, der alle Hoffnung
verloren hat.*

Psalm 34,19

Zum Nachdenken

Gottes Erbarmen ist grenzenlos, kostenlos
und steht uns, durch Jesus Christus, unseren
Herrn, auch jetzt in der gegenwärtigen Situation zur Verfügung.

A.W. Tozer (1897–1963)

Zum Mitnehmen

Er hört die Seufzer deiner Seelen
und des Herzens stilles Klagen,
und was du keinem darfst erzählen,

magst du Gott gar kühnlich sagen.
Er ist nicht fern, steht in der Mitten,
hört bald und gern der Armen Bitten.
Gib dich zufrieden!

Paul Gerhardt (1607–1676)

🌹 Tag 7

Gedankenanstoß

*Durch ihn allein leben und handeln wir, ja,
ihm verdanken wir alles, was wir sind.*

Apostelgeschichte 17,28

Zum Nachdenken

Wir sind von der Nähe Gottes umhüllt, um-
geben von seiner Gegenwart. In seiner Liebe
sind wir geborgen wie ein Baby im Leib der
Mutter. Gott ist uns so nahe wie der Atem.
Und wir müssen gar nichts dazu tun.

Zum Mitnehmen

Von allen Seiten umgibst du mich, o Herr.
Du bist nicht zu begreifen.
Dir sei Lob, Preis und Ehr.

Karl-Heinz Willenberg

Kraftfutter

Das Licht Gottes umgibt mich. Die Liebe Gottes umhüllt mich. Die Kraft Gottes beschützt mich. Die Gegenwart Gottes wacht über mir. Wo ich auch bin, Gott ist da.

Quelle unbekannt

🌹 ÄLTERWERDEN

WENN ALLE JUNG BLEIBEN WOLLEN

🌹 Tag 1

Gedankenanstoß

Wenn die Schönheit schwindet

*Der Herr sagte zu ihm: »Für die Menschen
ist wichtig, was sie mit den Augen wahrneh-
men können; ich dagegen schaue
jedem Menschen ins Herz.«*

1.Samuel 16,7

Zum Nachdenken

Herr, du weißt, dass ich von Tag zu Tag älter
werde – und eines Tages alt. Bewahre mich vor
dem Drang, bei jeder Gelegenheit etwas sagen
zu müssen. Erlöse mich von der großen Lei-
denschaft, die Angelegenheiten anderer ordnen zu wollen. Lehre mich, nachdenklich und
hilfreich, aber nicht beherrschend zu sein.

Lehre mich die wunderbare Weisheit, dass ich mich irren kann. Erhalte mich so liebenswert wie möglich.

Teresa von Avila (1515–1582)

Zum Mitnehmen

Das Leben misst sich nicht an seiner Länge, sondern an seinem Einsatz.

Peter Marshall (1902–1949)

🌹 Tag 2

Gedankenanstoß

Wenn die Schönheit schwindet

Nicht der äußerliche Schmuck – wie kunstvolle Frisuren, goldene Ketten oder aufwendige Kleidung – soll für euch Frauen wichtig sein. Eure Schönheit soll von innen kommen! Schmückt euch mit Unvergänglichem wie Freundlichkeit und Güte.
Das gefällt Gott.

1.Petrus 3,3–4

Zum Nachdenken

»Der wahre Schmuck der Frauen ist es, Gutes zu tun. Damit zeigen sie, dass sie Gott lieben und ehren ... vorausgesetzt, sie vertraut auf Gott, bleibt in seiner Liebe und tut besonnen seinen Willen« (1.Timotheus 2,10–15).

Was tust du, um attraktiv zu sein? Ziehst du das schöne Kleid von Glauben, Liebe und Güte an? So ein Kleid passt immer, egal wie alt du bist.

Zum Mitnehmen

Lobe niemanden wegen seiner Schönheit; verachte niemanden wegen seines Aussehens.

Weisheit von Ben Siva

🌹 Tag 3

Gedankenanstoß

*Graues Haar ist ein würdevoller Schmuck –
angemessen für alle, die Gottes
Geboten folgen.*

Sprüche 16,31

Zum Nachdenken

Für die Hebräer war das Leben vollkommen, wenn es voll an Tagen, Reichtum und Ehre war. Das Alter galt als Zeichen der Gunst. Immer, wenn ein Volk ungeistlich wird, dreht es die Reihenfolge um; es verlangt nicht nach Alter, sondern nach Jugend. Diese Umkehr im modernen Leben unserer Tage ist ein Zeichen des Abfalls, nicht des Fortschritts.

Oswald Chambers (1874–1917)

Zum Mitnehmen

»Ich bleibe derselbe; ich werde euch tragen bis ins hohe Alter, bis ihr grau werdet. Ich, der Herr, habe es bisher getan, und ich werde euch auch in Zukunft tragen und retten.«

Jesaja 46,4

🌹 Tag 4

Gedankenanstoß

*Der Schmuck junger Menschen ist ihre
Kraft, und die Würde der Alten
ist ihr graues Haar.*

Sprüche 20,29

Zum Nachdenken

Ist dir schon einmal aufgefallen, dass sehr
viele der Menschen, die zur Weisheit und
den Ereignissen der Bibel beigetragen und
im Verlauf der Geschichte den Bau des Rei-
ches Gottes gefördert haben, bereits im fort-
geschrittenen Alter waren? Wenn Sara sogar
mit neunzig Jahren noch einen Sohn gebären
kann, dann kann Gott auch uns gebrauchen,
wenn wir älter werden.

Zum Mitnehmen

Nachdem ich einen Augenblick frische Blume und reife Frucht in Gottes Garten gewesen bin, möchte ich für meinen Winter in seinem Keller ein guter, kleiner, trockener Apfel sein, süß und runzlig.

Marie Noël (1883–1967)

🌹 Tag 5

Gedankenanstoß

Hilfe beim Gedanken an Tod und Sterben

Wie ein Vater seine Kinder liebt, so liebt der Herr alle, die ihn ehren. Denn er weiß, wie vergänglich wir sind; er vergisst nicht, dass wir nur Staub sind.
Der Mensch ist wie Gras, er blüht wie eine Blume auf dem Feld. Wenn der heiße Wüstenwind darüberfegt, ist sie spurlos verschwunden, und niemand weiß, wo sie geblüht hat. Die Güte des Herrn aber bleibt für immer und ewig; sie gilt allen, die ihm gehorchen.

Psalm 103,13–17

Zum Nachdenken

Eines Tages werdet ihr in der Zeitung lesen, dass D.L. Moody von East Northfield tot ist. Glaubt kein Wort davon. Ich werde dann lebendiger sein als je zuvor. Ich bin nur nach oben umgezogen, das ist alles – aus dieser alten Lehmbehausung in ein Haus, das unsterblich ist, einen Leib, dem der Tod nichts anhaben, den die Sünde nicht verderben kann, einen Leib, der Seinem herrlichen Leib gleichgestaltet ist. Was aus dem Fleisch geboren ist, mag sterben. Was aus dem Geist geboren ist, wird ewig leben.

Dwight L. Moody (1837–1899)

Zum Mitnehmen

Von Paul Henry, einem amerikanischen Kongressabgeordneten, der langsam und qualvoll an einem Hirntumor starb, sagt man, er habe mit den folgenden Worten an seinem Glauben festgehalten: »Mein Weg mit Gott geht weiter.« Kurz darauf holte der Herr ihn heim.

🌹 Tag 6

Gedankenanstoß

*[Die älteren Frauen] können die jungen
Frauen dazu anleiten, dass sie ihre
Männer und Kinder lieben, besonnen und
anständig sind, ihren Haushalt gut
versorgen, sich liebevoll und
gütig verhalten.*

Titus 2,4–5

Zum Nachdenken

Unsere Gesellschaft tendiert dazu, die Älteren
als mehr oder weniger nutzlos zu betrachten.
Doch unsere Lebenserfahrung, unsere Fehler
und alles haben uns eine Weisheit geschenkt,
die wir an die Jüngeren weitergeben können.
Wie kannst du das, was Gott dich im Lauf der
Jahre gelehrt hat, gebrauchen, um jüngeren
Leuten das Leben zu bereichern? Das ist eine

135

Aufgabe, die nur ältere Menschen erfüllen können!

Zum Mitnehmen

Wir können unser Leben nicht verlängern und verbreitern, wir können es nur vertiefen.

Quelle unbekannt

🌹 Tag 7

Gedankenanstoß

*Herr, solange es Menschen gibt, bist du
unsere Zuflucht! ... Unser Leben dauert
siebzig, vielleicht sogar achtzig Jahre.
Doch worauf wir stolz sind, ist nur Mühe,
viel Lärm um nichts! Wie schnell eilen die
Jahre vorüber! Wie rasch fliegen sie davon!
... Mach uns bewusst, wie kurz unser Leben
ist, damit wir endlich zur Besinnung
kommen!*

Psalm 90,1.10–12

Zum Nachdenken

Ja, ich will euch tragen bis zum Alter hin.
Und ihr sollt einst sagen, dass ich gnädig bin.
Ihr sollt nicht ergrauen, ohne dass ich's weiß,
müsst dem Vater trauen, Kinder sein als Greis.

Jochen Klepper (1903–1942)

Zum Mitnehmen

Wenn der Tag sich neigt, o Herr, bringe ich dir mein Lob für alles, was ich erleben durfte. Ich danke dir für den Reichtum der Erinnerungen, für alle Erkenntnisse, die du mir aufgeschlossen hast. Ich danke dir, dass Jesus auf diese Erde kam und dass er hier starb. Ich danke dir, dass er damit den Tod überwunden hat. Bewahre in dieser Nacht alle, die dem Tod gegenüberstehen; alle, die ihm mit Furcht entgegensehen; alle, die unter dem Verlust eines nahen Angehörigen leiden. Und lehre auch uns bedenken, dass wir sterben müssen, auf dass wir klug werden.

Rita Snowden (1907–1999)

Kraftfutter

Ich sagte zu dem Engel, der an der Pforte der Zukunft stand: »Gib mir ein Licht, damit ich sicheren Fußes der Ungewissheit entgegengehen kann!« Aber er antwortete: »Geh nur in die Dunkelheit und lege deine Hand in die Hand Gottes; das ist besser als ein Licht und sicherer als ein bekannter Weg.«

Mündliche Überlieferung

🌹 FRAUEN IM STRESS

 # Tag 1

Gedankenanstoß

Orientiert euch an dem, was wahrhaftig, gut und gerecht, was redlich und liebenswert ist und einen guten Ruf hat, an dem, was auch bei euren Mitmenschen als Tugend gilt und Lob verdient.

Philipper 4,8

Zum Nachdenken

Suche dir einen ruhigen Ort und denke an etwas, das gut und liebenswert und wahrhaftig und recht ist. Male dir vor deinem inneren Auge das Bild einer schönen Landschaft aus oder einen Blick aufs Meer. Und vergiss nicht, Gott für alles zu danken, was dir gerade einfällt.

Zum Mitnehmen

Wir sind wie Zugvögel, die an einem fremden Ort geboren, doch eine geheimnisvolle Unruhe empfinden, eine Sehnsucht nach der frühlingshaften Heimat, die sie nie gesehen haben.

Ernesto Cardenal

🌹 Tag 2

Gedankenanstoß

Herr, du gibst Frieden dem, der sich fest an
dich hält und dir allein vertraut!
Ja, er vertraut dem Herrn für immer,
denn er, unser Gott, ist ein starker Fels
für alle Zeiten.

Jesaja 26,3–4

Zum Nachdenken

Statistiken haben nachgewiesen, dass der normale Mensch mit seinen Gedanken nur elf Sekunden bei einer Sache bleiben kann, bevor er wieder abdriftet. Wenn deine Gedanken zu negativen oder quälenden Dingen wandern wollen, dann rufe sie sanft zurück und lenke sie als erstes wieder auf Gott. Rufe dir einen jener Bibelverse ins Gedächtnis, der von der Macht und Majestät und Liebe und Gnade

Gottes erzählt. Preise ihn für frühere Wohlta-
ten. Nimm ein Liederbuch zur Hand und sing
ein Anbetungslied oder lies es dir laut vor.
Positive und negative Gedanken können dir
nicht gleichzeitig durch den Kopf gehen. »Ich
will den Herrn allezeit preisen; nie will ich
aufhören, ihn zu rühmen« (Psalm 34,2). »Ich
aber singe von deiner Macht. Früh am Morgen
juble ich dir zu, weil du so gnädig bist. Du bie-
test mir Schutz wie eine sichere Burg; zu dir
kann ich fliehen, wenn ich weder aus noch ein
weiß« (Psalm 59,16).

Zum Mitnehmen

Friede meines Gottes,
stille, tiefe Ruh,
alle meine Sorgen,
alles deckst du zu.

Frances R. Havergal (1836–1879)

🌹 Tag 3

Gedankenanstoß

*Wenn ihr euch noch so viel sorgt, könnt
ihr doch euer Leben um keinen Augenblick
verlängern. Wenn ihr aber nicht einmal das
könnt, was sorgt ihr euch um all die
anderen Dinge?*

Lukas 12,25–26

Zum Nachdenken

Es kann finster werden, aber wenn es in einem Tunnel finster wird, wirft man nicht die
Fahrkarte weg und versucht, aus dem Zug zu
springen; man vertraut dem Zugführer.

Corrie ten Boom (1892–1983)

Zum Mitnehmen

Die Hauptsache ist nicht, früh aufzustehen, sondern den Tag gut zu nutzen.

Charles Haddon Spurgeon (1834–1892)

🌹 Tag 4

Gedankenanstoß

Wenn du durch tiefes Wasser oder reißende Ströme gehen musst – ich bin bei dir, du wirst nicht ertrinken ... Denn ich, der Herr, bin dein Gott, der heilige Gott Israels. Ich bin dein Retter ... Habt keine Angst, denn ich, der Herr, bin bei euch!

Jesaja 43,2–3.5

Zum Nachdenken

Herr, wenn du uns durch die tiefen Wasser der Schwierigkeiten führst, dann sehen wir oft nur noch, wie hoch die Wellen sind, und nicht, wie viel größer du. Hilf uns, den Blick nicht von dir abzuwenden, der du den Sturm stillst und unserem Herzen Frieden zusprichst.

Zum Mitnehmen

Achte so wenig wie möglich auf die Dinge, die dich entmutigen wollen. Setze deinen Weg fort wie ein Dampfschiff, egal wie sanft oder rau die See ist, ob es regnet oder die Sonne scheint. Wichtig ist, dass du mit deiner Fracht sicher im Hafen ankommst.

Maltbie D. Babcock (1858–1901)

🌹 Tag 5

Gedankenanstoß

Wer unter dem Schutz des Höchsten wohnt,
der kann bei ihm, dem Allmächtigen, Ruhe
finden. Auch ich sage zu Gott, dem Herrn:
»Bei dir finde ich Zuflucht, du schützt mich
wie eine Burg! Mein Gott, dir vertraue ich!«
Er bewahrt dich vor versteckten Gefahren
und vor tödlicher Krankheit. Er wird dich
behüten wie eine Henne, die ihre Küken
unter die Flügel nimmt ...
Gott sagt: »Er liebt mich von ganzem Herzen,
darum will ich ihn retten. Ich werde ihn
schützen, weil er mich kennt und ehrt. Wenn
er zu mir ruft, antworte ich ihm. Wenn er
keinen Ausweg mehr weiß, bin ich bei ihm.
Ich will ihn befreien und zu Ehren bringen.«

Psalm 91,1–4.14–15

Zum Nachdenken

Gib deine Last und deinen Stress bei Jesus ab und überlasse es ihm, was er damit macht. Sage ihm, dass du ihm vertraust, und akzeptiere die Folgen und Ergebnisse, denn er ist absolut vertrauenswürdig. »So spricht der Herr: Habt keine Angst! Fürchtet euch nicht ... Ich werde gegen sie kämpfen, nicht ihr! ... Zieht ihnen morgen entgegen, der Herr wird euch helfen!« (2.Chronik 20,15.17).

Zum Mitnehmen

Wiederhole diesen Satz heute mindestens einmal pro Stunde: »Ich werde gegen sie kämpfen, nicht ihr!«

🌹 Tag 6

Gedankenanstoß

*»Meine Gnade ist alles, was du brauchst!
Denn gerade wenn du schwach bist, wirkt
meine Kraft ganz besonders an dir.« Darum
will ich vor allem auf meine Schwachheit
stolz sein. Dann nämlich erweist sich die
Kraft Christi an mir. Und so trage ich alles,
was Christus mir auferlegt hat – alle Misshandlungen und Entbehrungen, alle Verfol-
gungen und Ängste. Denn ich weiß: Gerade
wenn ich schwach bin, bin ich stark.*

2.Korinther 12,9–10

Zum Nachdenken

»Je schwächer wir uns fühlen, desto stärker
lehnen wir uns an«, hat J.I. Packer gesagt.
Auch wenn ich es oft vergesse, was mich am

meisten für den Dienst im Reich Gottes aus-
zeichnet, ist ein Bewusstsein meiner eigenen Schwäche und absoluten Hilflosigkeit in
schwierigen Situationen. Wenn etwas schief
gelaufen ist und ich unter Druck gerate und
mich auf meine eigene Kraft verlasse, oder
wenn ich nicht die Geduld habe zu warten,
sondern meine eigenen Pläne durchdrücken
will, dann hindere ich Gott daran, einzugrei-
fen und mit seiner Kraft für mich zu wirken,
um seine Ziele zu erreichen. Mit meiner Un-
abhängigkeit kann ich jede Chance verbauen,
die Situation zu Gottes Ehre zu nutzen. Wenn
ich meine eigene Schwäche anerkenne, gebe
ich Gott Raum, stark zu sein.

Zum Mitnehmen

Er [Gott] ist die Quelle allen Friedens. Wo
kann man diesen Frieden finden? In unserer
Schwäche, an den Stellen, an denen wir selbst
uns kaputt fühlen, unsicher, ängstlich, verzweifelt.

Henri J.M. Nouwen (1932–1996)

🌹 Tag 7

Gedankenanstoß

*Ich sehe immer auf den Herrn. Er steht mir
zur Seite, damit ich nicht falle.*

Psalm 16,8

Zum Nachdenken

Wir sollten uns nicht ärgern, wenn etwas Un-
erwartetes oder Ärgerliches oder Entmutigen-
des passiert. Gott will in seiner Weisheit etwas
aus uns machen, was wir noch nicht erreicht
haben, und behandelt uns dementsprechend.

James I. Packer

Zum Mitnehmen

Den Erschöpften gibt er neue Kraft, und die
Schwachen macht er stark.

Jesaja 40,29

Kraftfutter

Ich halte die Rasttage auf der Lebensreise für
ein großes Glück. Das Immer-im Trabe-sein
drückt nieder, macht alles Schwere und Pro-
saische noch schwerer und prosaischer, als es
ohnehin schon ist, und raubt dem Leben allen »Charme«. Diesen »Charme«, wenigstens
nach meiner mehr heitern und sehr unaske-
tischen Lebensauffassung, soll man ihm aber
nicht rauben. Der Ostwind pfeift noch mal rau
dazwischen. Aber solange keine Wolken da
sind, freue man sich des himmlischen Lichts.

Theodor Fontane (1819–1898)

HILFE IM UMGANG MIT SCHWIERIGEN MENSCHEN

🌹 Tag 1

Gedankenanstoß

Wenn ich in allen Sprachen der Welt, ja, mit Engelszungen reden kann, aber ich habe keine Liebe, so bin ich nur wie eine dröhnende Pauke oder ein lärmendes Tamburin.

1.Korinther 13,1

Zum Nachdenken

Martin Luther King Jr. hat einmal gesagt, woran ein Menschen letztlich zu beurteilen sei, sei nicht, wo er stehe, wenn es ihm gut geht, sondern wie er sich in den Momenten verhält, wo es schwierig wird und er Widerspruch begegnet. Wenn wir lernen wollen, auch schwierige Menschen zu lieben, dann müssen wir bereit sein, uns den Problemen zu stellen und auch einmal Nachteile in Kauf zu nehmen.

Zum Mitnehmen

Die Güte, die nicht grenzenlos ist, verdient den Namen nicht.

Marie von Ebner-Eschenbach (1830–1916)

🌹 Tag 2

Gedankenanstoß

*Ich wünsche euch, dass Gottes Gnade und
sein Friede euch immer mehr erfüllen. Das
wird geschehen, wenn ihr Gott und unseren
Herrn Jesus Christus immer besser kennen
lernt ... Diese Erkenntnis Gottes zeigt sich
in eurer Selbstbeherrschung,
Selbstbeherrschung erfordert Ausdauer, und
aus der wiederum erwächst wahre Liebe zu
Gott. Wer Gott liebt, wird auch seine Brüder und Schwestern lieben, und schließlich
werden alle Menschen diese Liebe
zu spüren bekommen.*

2.Petrus 1,3.6–7

Zum Nachdenken

Wenn ich nur an mich selbst denke, werde ich schwierigen Menschen mit Ungeduld und Unfreundlichkeit begegnen. Aber Gottes Familie besteht aus schwierigen Leuten. Wenn ich beobachte, wie geduldig und freundlich Jesus jeden Tag mit mir umgeht, dann darf ich damit rechnen, dass sein Geist mir helfen wird, in derselben Art mit Menschen umzugehen, mit denen ich Probleme habe.

Zum Mitnehmen

Selbstkontrolle ist die Fähigkeit, kühl zu bleiben, wenn uns jemand einheizt.

Quelle unbekannt

❧ Tag 3

Gedankenanstoß

Wer über die Fehler anderer hinwegsieht,
gewinnt ihre Liebe.

Sprüche 17,9

Zum Nachdenken

Der Nächste ist nicht der, den ich mag. Er ist
ein jeder, der mir nahe kommt.

Edith Stein

Zum Mitnehmen

Zur Liebe gehört immer, dass sie einen Menschen da aufsucht, wo er ist, und nicht dort,
wo man ihn schon haben will.

Adolf Köberle (1898–1990)

 Tag 4

Gedankenanstoß

*Bittet Gott um seinen Segen für alle,
die euch verfolgen, ja, betet für sie,
anstatt sie zu verfluchen.*

Römer 12,14

Zum Nachdenken

Das Gebet verändert Dinge? Nein! Das Gebet verändert Menschen, und Menschen verändern Dinge.

Quelle unbekannt

Zum Mitnehmen

Das Gebet ersetzt keine Tat, aber das Gebet ist eine Tat, die durch nichts ersetzt werden kann.

H. von Keller

 Tag 5

Gedankenanstoß

*Liebe ist geduldig und freundlich. Sie ist
nicht verbissen, sie prahlt nicht und schaut
nicht auf andere herab. Liebe verletzt nicht
den Anstand und sucht nicht den eigenen
Vorteil. Sie lässt sich nicht reizen und ist
nicht nachtragend. Sie freut sich nicht am
Unrecht, sondern freut sich, wenn die
Wahrheit siegt. Liebe ist immer bereit zu
verzeihen, stets vertraut sie, sie verliert nie
die Hoffnung und hält durch bis zum Ende.*

1.Korinther 13,4–7

Zum Nachdenken

Christus verlangt von uns nicht, dass wir uns
verteidigen, sondern dass wir uns loslassen.

Roger Schutz (1915–2005)

Zum Mitnehmen

Dass ein Mensch einen anderen liebt, das ist vielleicht die schwierigste Aufgabe für uns, die letzte, größte Prüfung, die Arbeit, auf die alle andere Arbeit nur Vorbereitung ist.

Rainer Maria Rilke (1875–1926)

🌹 Tag 6

Gedankenanstoß

Eine freundliche Antwort vertreibt den Zorn, aber ein kränkendes Wort lässt ihn aufflammen.

Sprüche 15,1

Zum Nachdenken

Der größte Charaktertest für den Menschen ist seine Zunge.

Oswald Chambers (1874–1917)

Zum Mitnehmen

Herr, lass mich schnell zum Hören sein und langsam zum Reden. Und wenn ich nicht freundlich reagieren kann, dann hilf mir, solange still zu bleiben, bis es mir wieder gelingt.

🌹 Tag 7

Gedankenanstoß

Lebt so vorbildlich, dass die Menschen, die Gott nicht kennen, darauf aufmerksam werden. Durch euer Verhalten sollen selbst die überzeugt werden, die euch bösartig verleumden. Wenn Gott ihnen eines Tages die Augen öffnet, werden auch sie ihn noch ehren.

1.Petrus 2,12

Zum Nachdenken

Schwierige Menschen sind meistens Menschen, die selbst Schweres erfahren haben. Es ist gut, sich im Umgang mit ihnen daran zu erinnern, dass Gott auch sie als sein Ebenbild erschaffen hat.

Zum Mitnehmen

Wenn wir die geheime Geschichte unserer Feinde (der Menschen, die uns verletzt haben) lesen könnten, würden wir in jedem soviel Leid und Sorgen finden, dass uns alle Feindschaft vergeht.

Henry Wadsworth Longfellow (1807–1882)

Kraftfutter

Was nützt es, zu empfinden
das tausendfache Leid,
wenn du nicht zu verbinden
die Wunden bist bereit?
Weh, wenn du nur zu klagen
ob all des Jammers hast
und nicht, um mitzutragen,
greifst an des Nächsten Last!

Arno Pötzsch (1900–1956)

WENN LIEBE MENSCHEN
UNS ENTTÄUSCHEN

 # Tag 1

Gedankenanstoß

*»Jerusalem! O Jerusalem! ... Wie oft schon
wollte ich deine Bewohner um dich sammeln, so wie eine Henne ihre Küken unter
ihre Flügel nimmt! Aber ihr habt es
nicht gewollt!«*

Matthäus 23,37

Zum Nachdenken

Jesus wusste besser als jeder andere, wie weh
es tut, wenn Menschen, die wir gern haben,
uns verletzen. Er kann deinen Schmerz und
deine Enttäuschung nachempfinden und dir
helfen, sie zu ertragen.

Zum Mitnehmen

Sind ein paar deiner sorgfältig gebauten Burgen weggespült worden? Meine sind es. Schon mehrmals in meinem Leben wusste ich nicht mehr wohin, außer in die Arme meines liebenden Vaters. Dort hielt ich still und saugte seine Liebe in mich auf, solange es nötig war.

Jean Otto (1925–2011)

🌹 Tag 2

Gedankenanstoß

Es ist ein besonderes Geschenk Gottes, wenn jemand Böses erträgt und Unrecht erduldet, weil er in seinem Gewissen an Gott gebunden ist ... Erträgt jemand Leid, obwohl er nur Gutes getan hat, dann ist das ein Geschenk Gottes ... Denn auch Christus hat für euch gelitten, und er hat euch ein Beispiel gegeben, dem ihr folgen sollt. Er hat keine Sünde getan; keine Lüge ist je über seine Lippen gekommen. Beschimpfungen ertrug er ohne Widerspruch, gegen Misshandlungen wehrte er sich nicht; lieber vertraute er sein Leben Gott an, der ein gerechter Richter ist.

1.Petrus 2,19–23

Zum Nachdenken

Wenn andere uns ungerecht behandeln, dann besteht unser erster Impuls darin, zurückzuschlagen. Aber das ist nicht die Art Jesu. Er hat die Dinge seinem Vater überlassen und darauf gewartet, dass sein Vater ihm Recht schafft. Wir können es genauso tun, weil wir wissen, dass unser himmlischer Vater alle Einzelheiten kennt, immer gerecht urteilt und einen viel größeren Überblick hat als wir, die wir nur aus unserer momentanen Situation heraus urteilen. Unsere Aufgabe ist es, dem Beispiel Jesu zu folgen und uns von ihm ermutigen zu lassen, wenn uns der Weg zu lang erscheint.

Zum Mitnehmen

Bist du geduldig in einem Augenblick des Zorns, so wirst du dir hundert Tage Kummer ersparen.

Chinesische Weisheit

❧ Tag 3

Gedankenanstoß

*Er hat mich immer tiefer in die Finsternis
getrieben ... Gott füllt mir den Becher mit
Wermut ... Aber eine Hoffnung bleibt mir
noch, an ihr halte ich fest: Die Güte des
Herrn hat kein Ende, sein Erbarmen hört
niemals auf, es ist jeden Morgen neu!
Groß ist deine Treue, o Herr!*

Klagelieder 3,2.15.21–23

Zum Nachdenken

Der Vater weiß, das macht mich stumm.
Mich selbst rechtfertigen, warum?
Er wird schon für mich streiten.
Ich leg es alles vor ihn hin,
weil ich des Vaters Kind ja bin,
wird er mich sicher leiten.

Der Vater weiß, das macht gewiss.
Er selbst tritt für mich in den Riss,
stellt er mich auch beiseite.
Der Vater weiß, das ist genug.
Der gestern half und heute trug,
lässt meinen Fuß nicht gleiten.

Verfasser unbekannt

Zum Mitnehmen

Du kannst dich nicht einfach so klammheimlich in den Himmel stehlen, ohne Konflikte und ohne Kreuz.

Samuel Rutherford (1600–1661)

🌹 Tag 4

Gedankenanstoß

*Sogar mein engster Freund, der oft an mei-
nem Tisch saß und dem ich vertraute, tritt
mich mit Füßen.*

Psalm 41,10

Zum Nachdenken

Gib nie einen Menschen oder die Hoffnung
auf ihn lieblos auf, denn es könnte selbst der
verlorene Sohn, der am tiefsten Gesunkene,
doch noch gerettet werden, der erbittertste
Feind, auch er, der dein Freund war, doch wieder dein Freund werden, die Liebe, die erkal-
tete, doch wieder entbrennen.

Sören Kierkegaard

Zum Mitnehmen

In dem Maße, wie wir geistlich reifen, nehmen die Schwierigkeiten und Herzensübungen zwangsläufig einen Charakter an, der größere Erfahrung erfordert. Unser geistliches Vorwärtsschreiten bringt uns notwendigerweise in diese hinein, aber Gott ist treu. Er wird nicht zulassen, dass wir über Vermögen versucht werden.

Franz von Sales (1567–1622)

🌹 Tag 5

Gedankenanstoß

Er wurde verachtet und von allen gemie-
den. Von Krankheit und Schmerzen war
er gezeichnet. Man konnte seinen Anblick
kaum ertragen. Wir wollten nichts von ihm
wissen, ja, wir haben ihn sogar verachtet.
Dabei war es unsere Krankheit, die er auf
sich nahm; er erlitt die Schmerzen, die wir
hätten ertragen müssen. Wir aber dachten,
diese Leiden seien Gottes gerechte Strafe für
ihn. Wir glaubten, dass Gott ihn schlug und
leiden ließ, weil er es verdient hatte.

Jesaja 53,3–4

Zum Nachdenken

Wer könnte den Schmerz der Ablehnung wohl
besser verstehen als Jesus? Einer, der mit ihm

das letzte Mahl einnahm, verriet ihn für dreißig Silberstücke. Können wir da erwarten,
dass man uns besser behandelt? Er weiß, wie
er uns trösten kann, weil er vor uns den Weg
gegangen ist.

Zum Mitnehmen

Die besten Gebete bestehen oft mehr aus Seuf-
zern als aus Worten.

John Bunyan (1628–1688)

🌹 Tag 6

Gedankenanstoß

Bittet Gott um seinen Segen für alle, die euch verfolgen, ja, betet für sie, anstatt sie zu verfluchen.

Römer 12,14

Zum Nachdenken

Wenn wir unsere Feinde hassen, geben wir ihnen Macht über uns – Macht über unseren Schlaf, unseren Appetit, unseren Blutdruck, unsere Gesundheit und unser Glück. Unsere Feinde würden einen Freudentanz aufführen, wenn sie nur ahnen würden, wie der Gedanke an sie uns beherrscht und zerreißt. Ihnen tut unser Hass nicht weh; nur für uns macht er Tag und Nacht zur Hölle.

Eine Therapeutin

Zum Mitnehmen

Beschluss: Wenn jemand mich wie Dreck behandelt, will ich ihn trotzdem weiter lieben. Die Rose duftet weiter, auch wenn sie in den Abfall geworfen wird. Kann Gottes höchste Kreatur geringer handeln als eine niedrige Blume?

🌹 Tag 7

Gedankenanstoß

*Euer Vater im Himmel wird euch vergeben,
wenn ihr den Menschen vergebt, die euch
Unrecht getan haben.*

Matthäus 6,14

Zum Nachdenken

Vergebung ist kein natürlicher Impuls. Aber
wir können sie lernen, wenn wir Gott darum
bitten. Vielleicht will er die Beziehung zu der
Person, die uns verletzt hat, gerade dadurch
heilen, dass wir Vergebung üben. Und wenn
nicht, heilt er vielleicht unser Herz.

Zum Mitnehmen

Wenn jeder alles von dem anderen wüsste, es würde jeder gern und leicht vergeben.

Hafis (1320–1389)

Kraftfutter

Es gibt vielleicht kein anderes Phänomen, das so viel negative Gefühle in sich trägt, wie die moralische Entrüstung, die zulässt, dass Neid oder Hass unter dem Deckmantel der Tugend ausgelebt werden können.

Erich Fromm (1900–1980)

GELDSORGEN

🌹 Tag 1

Gedankenanstoß

*Seht euch die Vögel an! Sie säen nichts,
sie ernten nichts und sammeln auch keine
Vorräte. Euer Vater im Himmel versorgt sie.
Meint ihr nicht, dass ihr ihm viel
wichtiger seid?*

Matthäus 6,26

Zum Nachdenken

Er lässt die Sonn aufgehen,
er stellt des Mondes Lauf;
er lässt die Winde wehen
und tut die Wolken auf.
Er schenkt uns soviel Freude,
er macht uns frisch und rot;
er gibt dem Viehe Weide
und seinen Menschen Brot.

Matthias Claudius (1740–1815)

Zum Mitnehmen

Wie viele Dinge gibt es doch auf unsrer bunten Welt, die ich nicht brauche!

Sokrates (um 470–399 v. Chr.)

🌹 Tag 2

Gedankenanstoß

Dabei ist doch jeder reich, der an Gott glaubt und mit dem zufrieden ist, was er hat. Denn wir sind ohne Besitz auf diese Welt gekommen, und genauso werden wir sie auch wieder verlassen. Wenn wir zu essen haben und uns kleiden können, sollen wir zufrieden sein.

1.Timotheus 6,6–8

Zum Nachdenken

Zufriedenheit entsteht nicht durch großen Wohlstand, sondern durch wenige Bedürfnisse.

Epiktet (ca.55–ca.135)

Zum Mitnehmen

Der ist reich und glücklich, der nichts anderes will als Gott.

Alphonsus Liguori (1696–1787)

🌹 Tag 3

Gedankenanstoß

*Euer Vater im Himmel weiß doch genau,
dass ihr dies alles braucht. Sorgt euch vor
allem um Gottes neue Welt, und lebt nach
Gottes Willen! Dann wird er euch
mit allem anderen versorgen.*

Matthäus 6,32–33

Zum Nachdenken

Ich bat Gott um viele Dinge, damit ich das Leben genießen kann. Gott gab mir das Leben, damit ich alle Dinge genießen kann.

Gertrud von Le Fort (1876–1971)

Zum Mitnehmen

Dem Menschen, der zuerst nach dem Reich Gottes trachtet, wird es nie an etwas fehlen, was zu seinem Guten ist. Er mag nicht so gesund sein wie andere. Er mag nicht so großen Wohlstand wie etliche haben. Er mag keinen reich gedeckten Tisch mit königlichen Leckerbissen haben. Aber er wird allezeit genug haben.

John Charles Ryle (1816–1900)

🌹 Tag 4

Gedankenanstoß

Schließlich habe ich gelernt, in jeder Lebenslage zurechtzukommen. Ob ich nun wenig oder viel habe, beides ist mir durchaus vertraut, und so kann ich mit beidem fertig werden: Ich kann satt sein und hungern; ich kann Mangel leiden und Überfluss haben.

Philipper 4,11–12

Zum Nachdenken

Es ist nichts falsch daran, dass Menschen Reichtümer besitzen;
falsch wird es, wenn die Reichtümer den Menschen besitzen.

Billy Graham

Zum Mitnehmen

Wenn du keine Butter aufs Brot hast, bedeutet das noch nicht, dass du arm bist.

Jiddisches Sprichwort

🌹 Tag 5

Gedankenanstoß

Wenn Gott sogar das Gras so schön wachsen lässt, das heute auf der Wiese grünt, morgen aber schon verbrannt wird, wie könnte er euch dann vergessen? Vertraut ihr Gott so wenig? Zerbrecht euch also nicht mehr den Kopf mit Fragen wie: »Werden wir genug zu essen haben? Und was werden wir trinken? Was sollen wir anziehen?« Mit solchen Dingen beschäftigen sich nur Menschen, die Gott nicht kennen.

Matthäus 6,30–32

Zum Nachdenken

Herr ... gib mir nur so viel, wie ich zum Leben brauche! Denn wenn ich zu viel besitze, bestreite ich vielleicht, dass ich dich brauche,

und frage: »Wer ist denn schon der Herr?«
Wenn ich aber zu arm bin, werde ich vielleicht
zum Dieb und bereite dir, meinem Gott, damit
Schande (Sprüche 30,7–9). Bitte ich Gott, mir
nur zu geben, was ich brauche, oder will ich
immer noch ein bisschen mehr haben?

Zum Mitnehmen

Wenn wir keinen Seelenfrieden haben, kann
uns äußerlicher Wohlstand nicht mehr helfen
als ein goldener Schuh an einem gichtkranken
Fuß.

John Bunyan (1628–1688)

🌹 Tag 6

Gedankenanstoß

Du gibst mir mehr als genug.

Psalm 23,5

Zum Nachdenken

Dein Lebensbecher ist womöglich voller, als du meinst, trotz finanzieller Probleme. Schreib einmal alles auf, was dir in den Sinn kommt: Gute Freunde? Ein liebevoller Partner? Gesunde Kinder? Ein gemütliches Zuhause? Essen? Waschmaschine, Geschirrspüler, Mikrowelle? Augen, die sehen, und Ohren, die hören? Ein Auto? Bäume und Blumen? Eine Arbeitsstelle? Danke Gott für jedes einzelne.

Zum Mitnehmen

Denke an die Reichtümer, die du hast, und davon hat jeder genug; nicht an vergangenes Unglück, von dem hat jeder nur ein bisschen.

Charles Dickens (1812–1870)

❧ Tag 7

Gedankenanstoß

*Wer geldgierig ist, bekommt nie genug,
und wer den Luxus liebt, hat immer zu
wenig – auch das ist völlig sinnlos!
Je reicher einer wird, umso mehr Leute
scharen sich um ihn, die auf seine Kosten
leben wollen – und er kann nur dabei
zusehen. Was also hat der Reiche
von seinem Besitz?*

Prediger 5,9–10

Zum Nachdenken

Nichts, was Gott gehört, kann man mit Geld
erkaufen.

Tertullian (ca.160 – nach 220)

Zum Mitnehmen

Ich habe jetzt meinen ganzen Besitz an meine Familie übergeben. Es gibt nur noch Eines, was ich wünschte, ihnen geben zu können, und das ist der christliche Glaube. Wenn sie den hätten und ich ihnen nicht einen Schilling gegeben hätte, dann wären sie reich; und wenn sie ihn nicht hätten und ich hätte ihnen die ganze Welt gegeben, wären sie arm.

Aus dem Testament von Patrick Henry (1736–1799)

Kraftfutter

Der Mensch lebt nicht vom Brot allein, sondern von allem, was der Herr ihm zusagt.

5.Mose 8,3

In Zeiten der Krankheit

 Tag 1

Gedankenanstoß

Jesus kehrte an den See Genezareth zurück. Er stieg auf einen Berg und setzte sich dort hin. Eine große Menschenmenge kam zu Jesus. Unter ihnen waren Gelähmte, Blinde, Verkrüppelte, Stumme und viele andere Kranke. Man brachte sie zu Jesus, und er heilte sie alle. Die Menschen konnten es kaum fassen, als sie sahen, wie Stumme redeten, Gelähmte gehen und Blinde sehen konnten. Und sie lobten den Gott Israels.

Matthäus 15,29–31

Zum Nachdenken

Jesus möchte, ja er will, leidende und kranke Menschen mitfühlend und heilend anrühren. Fühlst du dich momentan angeschlagen oder leidest du an einer Krankheit? Jesus weiß darum und er leidet mit dir mit. Ihm ist bestens bekannt, welche Schmerzen du ertragen musstest und was du schon alles durchzumachen hattest. Sein Ziel ist es, Menschen gesund zu machen, denn dazu kam er auf diese Erde.

Karin Schmid, Liebe dein Leben

Zum Mitnehmen

Wie ruhig dürfen wir uns doch in die Hände des Einen befehlen, der die ganze Welt in Händen hält.

Jean Paul Richter (1763–1825)

🌹 Tag 2

Gedankenanstoß

Voll Verlangen sehnen wir uns danach, den neuen Leib anzuziehen ... So lange wir in diesem Körper leben, liegt eine schwere Last auf uns. Wir ... möchten den neuen Leib überziehen, damit alles Vergängliche vom Leben überwunden wird. Darauf hat uns Gott vorbereitet, indem er uns als sicheres Pfand dafür schon jetzt seinen Geist gegeben hat.

2.Korinther 5,2.4–5

Zum Nachdenken

Schau nicht auf das, was morgen geschehen könnte. Derselbe ewige Vater, der heute für dich sorgt, wird sich auch um dein Morgen kümmern und jeden neuen Tag. Entweder

207

wird er dich vor dem Leiden bewahren oder er wird dir die unerschütterliche Kraft geben, es zu ertragen. Darum sei getrost. Lege alle ängstlichen Gedanken und Vorstellungen zur Seite.

Franz von Sales (1567–1622)

Zum Mitnehmen

Die Mitte der Nacht ist der Anfang des neuen Tages. Die Mitte der Not ist der Anfang des Lichts.

alter Osterhymnus

❧ Tag 3

Gedankenanstoß

*Wenn auch unsere körperlichen Kräfte auf-
gezehrt werden, wird doch das Leben, das
Gott uns schenkt, von Tag zu Tag erneuert.
Was wir jetzt leiden müssen, dauert nicht
lange und ist leicht zu ertragen in Anbe-
tracht der unendlichen, unvorstellbaren
Herrlichkeit, die uns erwartet.
Deshalb lassen wir uns von dem, was uns
zurzeit so sichtbar bedrängt, nicht ablenken,
sondern wir richten unseren Blick auf Gottes neue Welt, auch wenn sie noch unsicht-
bar ist. Denn das Sichtbare vergeht, doch
das Unsichtbare bleibt ewig.*

2.Korinther 4,16–18

Zum Nachdenken

Wenn wir auch im Leiden, auch in der Ausweglosigkeit, in Krankheit und rettungsloser Verstrickung begreifen, dass Gott größer ist als unser Herz, als unser Verstand – und unser Zweifel, dann versuchen wir es vielleicht doch, wieder und weiter mit ihm zu sprechen.

Hannelore Frank (1927–1973)

Zum Mitnehmen

Jeder Kranke ist mit dem Problem konfrontiert, was der Sinn ist ... »Was will Gott mir dadurch sagen?«, ist seine ständige Frage. Genau das ist der Sinn. Ich soll mich fragen, was Gott mir durch den Stern sagen will, den ich am Himmel sehe, durch den Freund, der mit mir redet, durch das Problem, das mich aufhält, oder durch die Not, die mich befällt. Wenn man einmal für diese Art zu denken wach geworden ist, entdeckt man den wahren Sinn des Lebens. Auf einmal wird alles interessant.

Paul Tournier (1898–1986)

🌹 Tag 4

Gedankenanstoß

*Selbst wenn alle meine Kräfte schwinden
und ich umkomme, so bist du doch, Gott,
allezeit meine Stärke – ja, du bist alles,
was ich habe! ... Ich aber darf dir immer
nahe sein, mein Herr und Gott; das ist mein
ganzes Glück! Dir vertraue ich, deine wun-
derbaren Taten will ich weitererzählen.*

Psalm 73,26–28

Zum Nachdenken

Das allein bedeutet Glauben: Buchstäblich
keinen Boden mehr unter den Füßen und keine Kraft in sich selbst zu haben und dennoch
zu vertrauen.

Manfred Hausmann (1898–1986)

Zum Mitnehmen

Jede Krankheit muss mich lehren, Gott besser zu verstehen als bisher – und auch mein Leben besser zu verstehen als bislang, aus dieser neuen Kenntnis Gottes heraus, aus dieser Nähe zu ihm.

Hannelore Frank (1927–1973)

❧ Tag 5

Gedankenanstoß

*Auch wenn ihr jetzt noch für eine kurze Zeit
auf manche Proben gestellt werdet und viel
erleiden müsst. So wird sich euer Glaube
bewähren und sich wertvoller und beständi-
ger erweisen als pures Gold, das im Feuer
vollkommen gereinigt wurde. Lob, Preis und
Ehre werdet ihr dann an dem Tag empfangen, an dem Christus für alle
sichtbar kommt.*

1.Petrus 1,6–7

Zum Nachdenken

Wenn Hiob, als er in der Asche saß und sich
den Kopf zerbrach über seine Probleme, ge-
wusst hätte, dass er genau das tat, was ein
Mann tun kann, um die Probleme der Welt

zu verstehen, dann hätte er vielleicht wieder Mut gefasst. Hiobs Leben ist nichts anderes als dein und mein Leben in Großbuchstaben. Die Tage, in den Hiob mit seinen Beschwerden rang, sind die einzigen, wegen denen man heute noch an ihn denkt. Hätte es sie nicht gegeben, wäre sein Name nie ins Buch des Lebens geschrieben worden. Genauso werden auch die Tage, durch die wir uns hindurchkämpfen und an denen wir keinen Weg sehen, aber dennoch nie das Licht aus den Augen verlieren, die wichtigsten sein, zu denen wir in diesem Leben berufen sind.

Robert Collyer (1823–1912)

Zum Mitnehmen

Das ist der tiefste Segen des Leidens, dass es Raum macht für Gott.

Dora Rappard (1842–1923)

❧ Tag 6

Gedankenanstoß

Dir und keinem anderen Gott will ich singen ... Ich preise dich, deine Liebe und Treue. Ja, du hast deine Versprechen eingelöst und alle meine Erwartungen übertroffen. Als ich zu dir um Hilfe schrie, hast du mich erhört und mir neue Kraft geschenkt ... Ja, du bist hoch erhaben – trotzdem sorgst du für die, nach denen keiner mehr fragt ... Selbst wenn ich von allen Seiten bedrängt werde, erhältst du mich am Leben! ... Ja, Herr, du wirst dich auch in Zukunft um mich kümmern, deine Gnade hört niemals auf! Was du angefangen hast, das führe zu einem guten Ende!

Psalm 138,1–3.6–8

Zum Nachdenken

Herr, du hast mich im Mutterleib erschaffen. Später hast du mich noch einmal neu gemacht, als ich zum Glauben kam und wiedergeboren wurde. Ich weiß, dass du auch meinen Körper noch einmal ganz machen kannst, denn für dich ist nichts unmöglich. Dir ist nichts zu schwer.

Quelle unbekannt

Zum Mitnehmen

Wer anfängt zu danken, sieht alles in einem neuen Licht. Er sieht nicht immer nur das Negative; das, was ich nicht habe, das, was mir fehlt. Wer dankt, lebt positiv. Er sagt: Es könnte doch alles viel schlimmer sein. Wer dankt, sieht im Unglück die Bewahrung, im Dunkel die Treue Gottes. Wenn wir als Dankende durch die Zeit der Krankheit gehen, wird Gott uns seinen Segen nicht versagen.

Kurt Heimbucher (1928–1988)

❧ Tag 7

Gedankenanstoß

Denn weil [Jesus] selbst gelitten hat und denselben Versuchungen ausgesetzt war wie wir Menschen, kann er uns in allen Versuchungen helfen.

Hebräer 2,18

Zum Nachdenken

Wenn ich leide, kann ich das Leiden meines Heilands besser verstehen. Herr, was hast du alles ertragen! Du wurdest geschlagen und angespuckt und angeschrien und an ein Kreuz genagelt. Du weißt, was Leiden heißt; du weißt es wirklich. Vielleicht musste ich durch meine Krankheit einmal aus allem herausgenommen werden, damit ich erkennen kann, wie tief deine Liebe und dein Verständnis sind. Herr, ich hoffe auf dich. Amen

Zum Mitnehmen

Befiehl du deine Wege
und was dein Herze kränkt
der allertreusten Pflege,
des, der den Himmel lenkt.
Der Wolken, Luft und Winden
gibt Wege, Lauf und Bahn,
der wird auch Wege finden,
da dein Fuß gehen kann.

Paul Gerhardt (1607–1676)

Kraftfutter

Gott hilft uns nicht immer am Leiden vorbei,
aber er hilft uns hindurch.

Johann Albrecht Bengel (1687–1752)

FRAUEN UND
IHRE SORGEN

❧ Tag 1

Gedankenanstoß

*Macht euch keine Sorgen! Ihr dürft Gott um
alles bitten. Sagt ihm, was euch fehlt, und
dankt ihm! Und Gottes Friede, der all unser
Verstehen übersteigt, wird eure Herzen und
Gedanken im Glauben an Jesus
Christus bewahren.*

Philipper 4,6–7

Zum Nachdenken

Wenn wir nur mit dem Jammern aufhören
und aufsehen könnten. Gott ist da. Jesus ist
auferstanden. Der Geist aus der Höhe ist aus-
gegossen worden. All das wissen wir als theo-
logische Wahrheit. Aber es ist an uns, es zu
einer frohen geistlichen Erfahrung werden zu
lassen.

A.W. Tozer (1897–1963)

Zum Mitnehmen

Wenn Friede mit Gott meine Seele durch-
dringt,
ob Stürme auch drohen von fern,
mein Herze im Glauben doch allezeit singt:
Mir ist wohl, mir ist wohl in dem Herrn.

Horatio G. Spafford (1828–1888)

🌹 Tag 2

Gedankenanstoß

Ich sehe immer auf den Herrn. Er steht mir zur Seite, damit ich nicht falle.

Psalm 16,8

Zum Nachdenken

Was uns als unbegreifliche Härte und Ungerechtigkeit erscheint, ist bei Gott Liebe. »Wie ganz anders würde ich meine Pflicht tun«, sagte die Schwarzwälderuhr, »hätte ich nicht die närrischen Gewichte an mir hängen!«

Monika Hunnius (1858–1934)

Zum Mitnehmen

Angst ist die natürliche Folge, wenn wir unsere Hoffnung auf irgendetwas anderes setzen als Gott und seinen Willen für uns.

Billy Graham

❧ Tag 3

Gedankenanstoß

*Beugt euch unter Gottes mächtige Hand.
Gott wird euch aufrichten, wenn seine Zeit
da ist. Ladet alle eure Sorgen bei Gott ab,
denn er sorgt für euch ... Ihm allein gehört
alle Macht für immer und ewig.*

1.Petrus 5,6–7.11

Zum Nachdenken

Die Angst nimmt dem Morgen nichts von seinen Sorgen, aber sie raubt dem Heute seine Kraft.

Charles Haddon Spurgeon (1834–1892)

Zum Mitnehmen

Wir denken uns in Verhältnisse hinein, in die Gottes Vorsehung uns gar nicht zu versetzen beschlossen hat, befürchten tausend Leiden, von denen wir nie ein einziges durchleben sollen.

Charles Haddon Spurgeon (1834–1892)

🌹 Tag 4

Gedankenanstoß

Dich habe ich erwählt ... Fürchte dich nicht,
denn ich bin bei dir; hab keine Angst, denn
ich bin dein Gott! Ich mache dich stark, ich
helfe dir, mit meiner siegreichen Hand
beschütze ich dich!

Jesaja 41,9–10

Zum Nachdenken

Ich bin mutiger, wenn ich einen starken Freund an meiner Seite habe. Der Eine, mit dem ich unterwegs bin, liebt mich nicht nur, sondern hält die ganze Welt in seiner Hand. Wie sollte ich da nicht mutig sein?

Zum Mitnehmen

Sorgen sind wie ein Bumerang. Kaum haben wir ihn weggeworfen, kommt er zu uns zurück. Wir müssen ihn einem zuwerfen, der den Bumerang festhält. Wenn Gott für mich sorgt, ist meine Sorge in den besten Händen.

Ruth Heil

🌹 Tag 5

Gedankenanstoß

*Ich segne jeden, der mir ganz und gar ver-
traut. Er ist wie ein Baum, der nah am
Bach steht und seine Wurzeln zum Wasser
streckt: Die Hitze fürchtet er nicht, denn
seine Blätter bleiben grün. Auch wenn ein
trockenes Jahr kommt, sorgt er sich nicht,
sondern trägt Jahr für Jahr Frucht.*

Jeremia 17,7–8

Zum Nachdenken

Jemand hat einmal gesagt, »Fürchte dich
nicht« sei das am häufigsten genannte Gebot
in der Bibel. Die Furcht drückt uns nieder, sie
behindert uns und bewirkt, dass wir uns an
Menschen klammern, die nicht so abhängig
sind von Gott. Die Worte »Was wäre, wenn«

sollten aus dem Wortschatz der Nachfolger Jesu gelöscht werden.

Zum Mitnehmen

Um zu wissen, was ein Anker wert ist, brauchen wir den Sturm.

Corrie ten Boom (1892–1983)

🌹 Tag 6

Gedankenanstoß

Sorgt euch nicht um morgen – der nächste Tag wird für sich selber sorgen! Es ist doch genug, wenn jeder Tag seine eigenen Lasten hat.

Matthäus 6,34

Zum Nachdenken

Kein Mensch ist je unter der Last seines Tages zusammengebrochen. Erst wenn er die Last von morgen schon heute dazu auf seine Schultern packt, wird das Gewicht so schwer, dass er es nicht mehr tragen kann. Belade dich nie mit der doppelten Last. Und wenn du es tust, dann vergiss zumindest nicht, dass es dein eigener Wille war und nicht der Wille Gottes. Er bittet dich, die Zukunft ihm zu überlassen und dich nur um die Gegenwart zu kümmern.

George MacDonald (1824–1905)

Zum Mitnehmen

Das beste an der Zukunft ist, dass immer nur ein Tag nach dem andern kommt.

Abraham Lincoln (1809–1865)

❧ Tag 7

Gedankenanstoß

Wenn dir so zumute ist:

*Meine Kraft schwindet wie Wasser, das
versickert ... Mein Herz verkrampft
sich vor Angst.*

Psalm 22,15

Dann tu dies:

Rufe zu mir, dann will ich dir antworten.

Jeremia 33,3

Zum Nachdenken

Stell dir vor, Jesus wäre jetzt bei dir im Zimmer und säße auf dem Stuhl neben dir. Kannst
du sehen, wie er sich leicht zu dir herüber-
beugt und sachte deine Hand in seine beiden
Hände nimmt? Siehst du, wie liebevoll er dich

anschaut? Er, der die ganze Welt in Bewegung hält, hält deine Hand! Die Bibel sagt: »Weder Tod noch Leben, weder Engel noch Dämonen noch irgendwelche Gewalten können uns von der Liebe Gottes trennen« (Römer 8,38).

Zum Mitnehmen

Die Zukunft ist Gottes Sache und nicht die Ihrige. Er wird sie so lenken und Ihnen härter oder sanfter machen, wie es für Ihre Bedürfnisse nötig sein wird. Wenn Sie aber durch Ihre Weisheit diese Zukunft ergrübeln wollen, so werden Sie davon keine Frucht einernten, sondern Unruhe und den Vor-Anblick gewisser unvermeidlicher Übel. Seien Sie bloß darauf bedacht, von jedem Tag Nutzen zu ziehen; ein jeder Tag hat sein Böses und sein Gutes, doch so, dass das Böse selbst oft ein Gutes wird, wenn man Gott machen lässt.

François Fenélon (1651–1715)

Kraftfutter

Nicht, was wir erleben, sondern wie wir empfinden, was wir erleben, macht unser Schick-
sal aus.

Marie von Ebner-Eschenbach (1830–1916)

🌹 PROBLEME UND NÖTE

🌹 Tag 1

Gedankenanstoß

*Gerade dann, wenn ich Angst habe, will ich
mich dir anvertrauen.*

Psalm 56,4

Zum Nachdenken

Schwierige Zeiten geben dir die Gelegenheit,
einmal nachzuprüfen, wie viel Gott dir wert
ist:
Ist Gott vertrauenswürdig? ___ ja ___ nein.
Selbst wenn es scheint, als würde alles in
meinem Leben falsch laufen? ___ ja ___ nein.
Sogar wenn ich leiden muss? ___ ja ___ nein.
Wie sieht es aus? Spiegelt dein Verhalten wider, was du angekreuzt hast, und zwar auch
dann, wenn es hart wird? Und wenn ja, wie?

Zum Mitnehmen

Es ist gut, wenn wir uns auf Gott verlassen, wenn wir noch andere Stützen haben. Am besten aber ist es, in ihm zu ruhen, wenn alle anderen Stützen weggefallen sind.

Charles Haddon Spurgeon (1834–1892)

❦ Tag 2

Gedankenanstoß

*Der Herr selbst geht vor dir her. Er steht dir
zur Seite und verlässt dich nicht. Immer hält
er zu dir. Hab keine Angst, und lass dich
von niemandem einschüchtern!*

5.Mose 31,8

Zum Nachdenken

Herr Jesus Christus, wir bitten dich, dass wir
zu keiner Zeit von dir abweichen mögen, der
du der Weg bist, noch dass wir das Vertrauen
zu deinen Verheißungen verlieren, der du die
Wahrheit bist, noch dass wir bei irgend etwas
anderem verweilen als bei dir, der du das Leben bist.

Erasmus von Rotterdam (1465–1536)

Zum Mitnehmen

Es ist in dieser Welt nicht üblich, dass ständig die Sonne scheint, auch nicht auf Gottes Heilige.

Jonathan Edwards (1703–1758)

🌹 Tag 3

Gedankenanstoß

*Jesus kniete nieder und betete: »Vater, wenn
es möglich ist, bewahre mich vor diesem
Leiden. Aber nicht was ich will, sondern,
was du willst, soll geschehen.« Da erschien
ein Engel vom Himmel und gab
ihm neue Kraft.*

Lukas 22,41–43

Zum Nachdenken

Du hast an mich aus Gnaden
dein teures Blut gewandt,
willst heilen meinen Schaden,
hältst mich bei meiner Hand.
Und wenn zu manchen Zeiten
der Feind mir setzet zu,

so willst du für mich streiten:
Wo ist ein Gott wie du?

Wilhelm Griesinger (1834–1910)

Zum Mitnehmen

O ruheloses Herz, das gegen die Gitterstäbe der Umstände hämmert, überlass es Gott, alle deine Tage zu ordnen.

Mrs. Charles E. Cowman (1870–1960)

🌹 Tag 4

Gedankenanstoß

*Er bietet mir Schutz in schwerer Zeit und
versteckt mich in seinem Zelt. Er stellt
mich auf einen hohen Felsen.*

Psalm 27,5

Zum Nachdenken

Stern, auf den ich schaue, Fels, auf dem ich steh,
Führer, dem ich traue, Stab, an dem ich geh,
Brot, von dem ich lebe, Quell, an dem ich ruh,
Ziel, das ich erstrebe: alles, Herr, bist du!

Ohne dich, wo käme Kraft und Mut mir her?
Ohne dich, wer nähme meine Bürde, wer?
Ohne dich zerstieben würden mir im Nu
Glauben, Hoffen, Lieben, alles, Herr, bist du!

Kornelius Fr. Adolf Krummacher (1824–1884)

Zum Mitnehmen

Wenn wir keinen Winter hätten, würden wir uns nicht so über den Frühling freuen.

Anne Bradstreet (ca. 1612–1672)

🌹 Tag 5

Gedankenanstoß

*Glücklich ist, wer die Bewährungsproben
besteht und im Glauben festbleibt.
Gott wird ihn mit dem Siegeskranz,
dem ewigen Leben, krönen.*

Jakobus 1,12

Zum Nachdenken

Wenn wir auf die Vergangenheit zurückschauen, dann werden viele von uns feststellen, dass die Zeiten, in denen unser himmlischer Vater besonders freundlich zu uns war und uns am reichsten gesegnet hat, gerade die Zeiten waren, in denen wir angefochten und von allen Seiten bedrängt waren. Gott schickt uns seine Juwelen oft in grober Verpackung und durch Diener in dunkler Livree, aber wenn wir sie auspacken, finden wir darin Schätze aus dem königlichen Palast von unserem liebenden Bräutigam.

A.B. Simpson (1834–1919)

Zum Mitnehmen

Wir wollen nicht nach dem Warum fragen, sondern lieber: »Was will der Herr mich durch all diese Schwierigkeiten lehren?«

❧ Tag 6

Gedankenanstoß

*Ich bin der Herr, dein Gott. Ich nehme
dich an deiner rechten Hand und sage:
Hab keine Angst! Ich helfe dir.*

Jesaja 41,13

Zum Nachdenken

Meinst du auch, dass Gott auch dann noch unser Vertrauen verdient hat, wenn er nicht so handelt, wie du es gern hättest oder die Dinge verändert, die dir am Herzen liegen? Manche Menschen sehen den Segen Gottes in ihrem Leben und loben ihn auch mitten im größten Leid. Kannst du das auch? Probiere es, auch wenn dir überhaupt nicht danach zumute ist, denn: »Mitten im Leid triumphieren wir über alles durch die Verbindung mit Christus, der uns so geliebt hat« (Römer 8,37).

Zum Mitnehmen

Jesus sagt, er wisse genau, dass Angst der Welt Gesetz sei. Er, ein Mensch, hat es selbst erlebt und weiß, wovon er redet. Niemand lebt, der nicht die Angst erfährt. Angst ist Mangel an Geborgenheit, genauer noch: der Mangel am Gefühl für die Geborgenheit des Menschen. Meine eigene Angst ist das Gefühl, dass ich nicht aufgehoben und geborgen bin. Und nun sagt der Herr: Ich bin nicht allein – ihr seid nicht allein. Mein Vater ist bei mir und bei euch.

Hannelore Frank (1927–1973)

🌹 Tag 7

Gedankenanstoß

Das weiß ich: du, Gott, bist auf meiner Seite!

Psalm 56,10

Zum Nachdenken

Gott hätte Daniel vor der Löwengrube bewahren können ... Er hätte Paulus und Silas vor dem Gefängnis bewahren können ... Er hätte die drei Hebräer vor dem Feuerofen bewahren können ... Aber Gott hat nie versprochen, uns vor schwierigen Situationen zu bewahren ... Was er versprochen hat, das ist, dass er durch jede Schwierigkeit mit uns gehen und dafür sorgen wird, dass wir siegreich daraus hervorgehen.

Merv Rosell

Zum Mitnehmen

Ist Gott für mich,
so trete gleich alles wider mich;
so oft ich ruf und bete,
weicht alles hinter sich.
Hab ich das Haupt zum Freunde
und bin geliebt bei Gott,
was kann mir tun der Feinde
und Widersacher Rott?

Paul Gerhardt (1607–1676)

Kraftfutter

Keinen Weg lässt Gott uns gehen, den er nicht
selbst gegangen wäre und auf dem er uns
nicht voranginge.

Dietrich Bonhoeffer (1906–1945)

Wenn alles zu viel wird

🌹 Tag 1

Gedankenanstoß

Ich habe beobachtet, wie es auf dieser Welt zugeht: Nicht die Schnellen gewinnen den Wettlauf und nicht die Starken den Krieg.

Prediger 9,11

Zum Nachdenken

Ohne uns über die Welt und über unser Leben ins klare kommen zu lassen, jagt uns der Geist unserer Zeit ins Wirken hinaus. Unablässig nimmt er uns für diese und jene Ziele und für diese und jene Errungenschaft in Dienst. Er erhält uns im Tätigkeitstaumel, damit wir ja nicht zur Selbstbesinnung kommen und uns fragen, was dieses rastlose Hingeben an Ziele und Errungenschaften eigentlich mit dem

Sinn der Welt und dem Sinn unseres Lebens zu tun habe.

Albert Schweitzer (1875–1965)

Zum Mitnehmen

Lange in einer Stellung sitzen, noch dazu in einem schlecht gelüfteten Zimmer, und dazu ein von Sorgen gedrücktes Herz: da haben wir alle Bestandteile für einen Kessel von Schwermut, besonders zur Zeit der Herbstnebel. Ein kräftiger Schluck Seeluft oder ein tüchtiger Spaziergang im Wind füllt zwar die Seele nicht mit Gnade, aber den Körper mit Sauerstoff, was das Nächstbeste ist.

Charles Haddon Spurgeon (1834–1892)

❧ Tag 2

Gedankenanstoß

Herr, lass mich erkennen, wie kurz mein
Leben ist und wie viel Zeit ich noch habe;
wie vergänglich bin ich doch! Wie begrenzt
ist das Leben, das du mir gegeben hast!
Ein Nichts ist es in deinen Augen. Jeder
Mensch, selbst der stärkste, ist nur ein
Hauch, der vergeht – schnell wie ein Schat-
ten verschwindet er. Sein Tun und Treiben
ist viel Lärm um nichts! ... Auf was kann
ich da noch hoffen? Herr, du allein
bist meine Hoffnung!

Psalm 39,5–8

Zum Nachdenken

Dein ist das Licht des Tages, dein ist das Dunkel der Nacht. Leben und Tod sind in deiner

Hand. Dein sind auch wir und beten dich an. Du, Herr, hast uns zu dir hin geschaffen, und unser Herz ist unruhig, bis es Ruhe findet in dir.

Augustinus von Hippo (354–430)

Zum Mitnehmen

Man sollte jeden Tag mindestens ein kleines Lied hören, ein gutes Gedicht lesen, ein schönes Bild ansehen und, wenn möglich, ein paar vernünftige Worte reden.

Johann Wolfgang von Goethe (1749–1832)

🌹 Tag 3

Gedankenanstoß

*Bevor die Berge geboren wurden, noch bevor
Erde und Weltall unter Wehen entstanden,
warst du, o Gott. Du bist ohne Anfang und
Ende ... Tausend Jahre sind für dich wie ein
einziger Tag, wie ein Tag, der im Flug ver-
gangen ist, wie eine Stunde Schlaf! Du reißt
die Menschen hinweg, sie verschwinden so
schnell wie ein Traum nach dem Erwachen
... Unser Leben dauert siebzig, vielleicht sogar achtzig Jahre ... Mach uns bewusst, wie
kurz unser Leben ist, damit wir endlich
zur Besinnung kommen ... Herr, schenke
uns deine Liebe jeden Morgen neu!
Dann können wir singen und uns
freuen, solange wir leben!*

Psalm 90,2–5.10–14

Zum Nachdenken

Gottes Liebe hat uns bisher erhalten und gesegnet; sie ist unwandelbar, weil er unwandelbar ist. Wir wissen nicht, was die Zukunft bringen wird; aber wir kennen den, der derselbe ist gestern, heute und in Ewigkeit. Wir legen unsre Hand aufs Neue in die seine und bitten: Führe du uns!

Hudson Taylor (1832–1905)

Zum Mitnehmen

In der Gemeinschaft der Shaker galt das Motto: Hände an die Arbeit; Herzen zu Gott. Sie hatten anscheinend verstanden, wie wichtig diese Balance in unserem Alltag ist. Herr, lehre uns, unsere Zeit recht zu nutzen, zu arbeiten, aber – ja – auch das Leben zu genießen, das du uns geschenkt hast.

❧ Tag 4

Gedankenanstoß

*Ihr steht frühmorgens auf und gönnt euch
erst spät am Abend Ruhe, um das sauer
verdiente Brot zu essen. Doch ohne Gottes
Segen ist alles umsonst! Denn Gott gibt
denen, die ihn lieben, alles Nötige im Schlaf!*

Psalm 127,3

Zum Nachdenken

Wir können Gottes Wort mit einem Gähnen
verschlucken; wir können die Zeit, die wir
mit Gott verbringen sollten, abkürzen und
an all die Dinge denken, die wir tun sollten.
»Ich habe keine Zeit!« Natürlich hast du Zeit!
Nimm dir Zeit, stelle ein paar andere Interes-
sen zurück und nimm dir Zeit, um zu erken-

nen, dass das Zentrum der Macht in deinem Leben der Herr Jesus Christus ist.

Oswald Chambers (1874–1917)

Zum Mitnehmen

Die Aufgabe, an der wir unser Leben lang lernen sollen, ist der Lobgesang. Wir sollen lernen, zu loben, auch und gerade dann, wenn der Lobgesang in der Tiefe geboren wird.

Lotte Denkhaus (1905–1986)

🌹 Tag 5

Gedankenanstoß

Jedes Ereignis, alles auf der Welt hat seine Zeit: Geborenwerden und Sterben, Pflanzen und Ausreißen, Töten und Heilen, Niederreißen und Aufbauen, Weinen und Lachen, Klagen und Tanzen, Steinewerfen und Steinesammeln, Umarmen und Loslassen, Suchen und Finden, Aufbewahren und Wegwerfen, Zerreißen und Zusammennähen, Reden und Schweigen, Lieben und Hassen, Krieg und Frieden ... Für alles auf der Welt hat Gott schon vorher die rechte Zeit bestimmt.

Prediger 3,1–8.11

Zum Nachdenken

Als Gott die Welt erschuf, da hätte er alles in den ersten Tag hineinpacken können. Aber er hielt es nicht für nötig, alles auf einmal zu erledigen. Er tat an jedem der sechs Tage nur das, was gerade dran war. Dann ruhte er. Und wir sollten seinem Beispiel folgen. Wo gäbe es für dich eine Möglichkeit, die Anforderungen, die an dich und deine Zeit gestellt werden, zu reduzieren? Wie könntest du deine Prioritäten neu ordnen?

Zum Mitnehmen

Nimmst du dir die Zeit, die Früchte deiner Arbeit zu genießen? Oder ist die Arbeit an sich dein Lebenssinn? In einem ausgewogenen Leben fällt es leichter, am Glauben festzuhalten. Ist dein Leben im Gleichklang mit Gottes Timing?

🌹 Tag 6

Gedankenanstoß

Kehrt um zu mir, und werdet ruhig, dann
werdet ihr gerettet! ... Doch sehnt sich der
Herr danach, euch gnädig zu sein.
Bald wird er zu euch kommen und sich
wieder über euch erbarmen.

Jesaja 30,15.18

Zum Nachdenken

Wie oft stürzen wir uns direkt in den Tag mit
seiner ellenlangen Liste von Dingen, die wir
erledigen sollten, anstatt zuerst die Bibel auf-
zuschlagen und uns dort die Ruhe und Kraft
zu holen, die wir für alles brauchen, was uns
erwartet?

Zum Mitnehmen

Strömt der Friede Gottes über mich dahin,
müssen alle finstern Mächte von mir fliehn.
Seine Fluten tragen Hast und Sorgen fort,
Friede meines Gottes, selger Ruheort!

Frances R. Havergal (1836-1879)

🌹 Tag 7

Gedankenanstoß

Achte den Sabbat als einen Tag, der mir allein geweiht ist! Sechs Tage sollst du deine Arbeit verrichten, aber der siebte Tag ist ein Ruhetag, der mir, dem Herrn, deinem Gott, gehört ... Denn in sechs Tagen habe ich, der Herr, den Himmel, die Erde und das Meer geschaffen und alles, was lebt. Aber am siebten Tag ruhte ich. Darum habe ich den Sabbat gesegnet und für heilig erklärt.

2.Mose 20,8.11

Zum Nachdenken

Gott gibt gute Gaben. Der Sonntag ist eine davon. Ein Tag der Ruhe in sieben Tagen war Gottes Idee, denn er wusste, dass seine geliebten Kinder das in dieser hyperaktiven Welt brauchen. Wie gehst du mit dem Geschenk um, das Gott dir jede Woche macht?

Zum Mitnehmen

Jesus sprach einmal von dem Ochsen, der am Sabbat in den Brunnen fällt. Aber wenn der Ochse jeden Sabbat in den Brunnen fällt, dann sollte man entweder den Ochsen loswerden oder den Brunnen zuschütten.

Billy Graham

Kraftfutter

Von Gott will ich nicht lassen,
denn er lässt nicht von mir,
führt mich durch alle Straßen,
da ich sonst irrte sehr.
Er reicht mir seine Hand,
den Abend und den Morgen
tut er mich wohl versorgen,
wo ich auch sei im Land.

Ludwig Helmbold (1532-1598)

Quellennachweise

»Die Tatsache, dass ich Frau bin«, »Das ledige Leben könnte« aus: Elisabeth Elliot, Als Frau leben. © Christliche Literatur-Verbreitung, Bielefeld 2011.

»Sonderbar!«, »Schimpfen kann jeder«, »Wenn wir auch im Leiden«, »Jede Krankheit«, »Meine eigene Angst« aus: Hannelore Frank, Zuversicht. © Kreuz Verlag, Stuttgart 1975.

»Wer anfängt zu danken« aus: Kurt Heimbucher, Weil du bei mir bist. © Brunnen Verlag, Gießen 1980.

»Es gibt keinen Augenblick« aus: James I. Packer, Gott erkennen. © Verlag der Liebenzeller Mission, Bad Liebenzell 1977.

»Jesus möchte« aus: Karin Schmid, Liebe dein Leben. © Grace today Verlag, Schotten 2012.

»Wenn der Tag sich neigt« aus: Rita F. Snowden, Herr, du siehst ... © Brunnen Verlag, Basel 1987.

»Ich muss mir nicht selber«, »Wir müssen als Ledige«, »Indem ich Ja zu mir sage« aus: Vreni Theobald, Ich halte mein Herz an die Sonne. © Hänssler Verlag, Holzgerlingen 1999.

»Würde ich Gott so kennen« aus: Bärbel Wilde, Anita Hallemann, Ja, ich bin Single. © Hänssler Verlag, Neuhausen-Stuttgart 1989.

Trotz großer Sorgfalt konnten Herkunft und Rechte einiger Texte nicht geklärt werden.
Hinweise bitte direkt an den Verlag.

Bücher bereichern das Leben.
Und genau an diesem Erlebnis möchten
wir unsere Leser teilhaben lassen. Gibt es
in unserer schnellen und multimedialen Zeit
zwar Überfluss an Informationen, so bleiben
doch die gemütsnährenden Worte oft auf der
Strecke. Diesem Mangel möchten wir
entgegenwirken.

Besuchen Sie uns auf unserer Website:

www.arte-media.ch